존재만으로 특별한 다문화 교회
복음 위에 세워진 환대와 용납의 공동체

존재만으로 특별한 다문화 교회
복음 위에 세워진 환대와 용납의 공동체

신치헌 지음

초판 1쇄 발행	2025년 3월 20일
초판 5쇄 발행	2025년 3월 25일
발행처	도서출판 이레서원
발행인	문영이
출판신고	2005년 9월 13일 제2015-000099호
기획·마케팅	도전욱
편집	송혜숙
총무	곽현자

경기도 고양시 일산동구 백석로71번길 46, 1층 1호
Tel. 02)402-3238, 406-3273 / Fax. 02)401-3387
E-mail: Jireh@changjisa.com
SNS: facebook.com/jirehpub

책값은 표지에 있습니다.

ISBN 978-89-7435-675-0 03230

신저작권법에 의해 한국 내에서 보호받는 저작물이므로 저작권자의 서면 허락 없이 이 책의 어떠한 부분이라도 전자적인 혹은 기계적인 형태나 방법을 포함해서 그 어떤 형태로든 무단 전재하거나 무단 복제하는 것을 금합니다.

복음 위에 세워진 환대와 용납의 공동체

존재만으로 특별한

다문화 교회

신치헌 지음

이레서원

추천사

ⓒ "팀 켈러의 모델을 따라 한국에서 사역을 하는 교회가 있습니까?"라는 질문을 받는다면 저는 주저 없이 "시티센터교회"라고 대답할 것입니다. 시티센터교회는 사도행전에 나오는 안디옥 교회를 연상시킵니다. 여러 인종이 모여 하나의 교회를 이룬 모델이 한국에 있다는 사실이 놀랍고 또 감격스럽습니다. 다른 문화와 다른 인종이 모여서 연합할 수 있는 힘은 결국 복음에 있습니다. 이 책은 복음 때문에 울고 웃는 슬픔과 아픔, 기쁨과 영광이 합쳐진 복음의 종합선물세트입니다.

고상섭 _ 그사랑교회 담임목사

ⓒ 예수 그리스도는 자기를 내주심으로써, 자기를 믿고 따

르는 자들을 인종, 신분, 국적의 차이 없이 불러 모으시고 서로 사랑하는 한 몸으로 만드셨습니다. 단일 민족으로 살아왔던 우리는 교회의 이 아름다움을 제대로 경험하지 못했습니다. 이제 주님께서 열방의 사람들을 우리에게 보내서 교회의 영광을 경험하고 누리게 해 주셨습니다. 이 책은 그 이야기를 담고 있습니다. 그래서 재미있고 가슴이 뜁니다. 이 책을 꼭 읽으십시오. 그리고 참교회를 일구어 가려는 꿈을 가지십시오.

김성운 _ 고려신학대학원 선교학 교수

책을 읽으며 눈을 떼기가 쉽지 않았습니다. 눈시울이 뜨거워지기도 했습니다. 교회의 본질이 충실하게 담긴 시티센터교회 이야기는 인종과 문화와 언어의 장벽을 넘어 교회의 하나 됨을 만드는 복음의 능력을 보여 주는 생생한 교회론입니다. 이 책은 다문화 교회에 관심을 가진 사람들만을 위한 책이 아닙니다. 주님과 그의 몸인 교회를 사랑하는 모든 성도가 읽고 느끼고 생각하고 추구해야 할 교회의 모습을 보여 주는 책입니다. 교회와 공동체로 고민하는 사역자에게도 이 책을 강추합니다. 『팀 켈러의 센터처치』 실전 편이 여기 있습니다.

김형익 _ 벧샬롬교회 담임목사

ⓒ 이 책은 저자가 다문화 교회인 시티센터교회를 개척해서 오늘에 이르기까지 부단히 달려온 과정을 담고 있습니다. 성도들을 향한 목회자의 깊은 사랑과 성도들의 애절함이 배어 있습니다. 그래서 이 책은 참 따뜻합니다. 읽고 있노라면 절로 행복한 웃음이 지어집니다. 단순히 '살아냄'이 목표가 아니라 '교회다움'을 향해 달려가는 그들의 모습이 너무도 근사합니다. 이것이 이 책을 다문화 사역에 관련된 책으로 분류해서 독자들을 한정시키지 말아야 할 이유입니다.

노성현 _ 소명교회 담임목사

ⓒ 뉴욕에서 다문화 교회를 섬기는 저는, 튼튼한 교회론과 복음신학에 기초를 두고 현대 문화와 상황을 반영하여 목회를 하는 신치헌 목사님이 너무 반갑습니다. 특히 '신앙을 갖기^{believing} 전에 공동체에 소속되는 것^{belonging}이 먼저'라는 원칙을 강조하는 뉴욕의 목회자들과 저자가 동일한 생각을 하고 있는 것과, 이 책의 첫 장을 Belonging으로 시작하는 목회 상황화의 센스를 보며 감탄했습니다. 개척 교회를 꿈꾸거나 섬기고 있는 목회자들, 그리고 복음의 능력을 더 깊이 경험하기 원하는 모든 목회자와 성도에게 진심으로 추천하고 싶은 책입니다.

노진산 _ 뉴욕 Living Faith Community Church 담임목사

ⓒ 이주민들에게 선뜻 공간을 내주고 관심을 쏟아붓는 일은 용기가 없으면 어려운 일입니다. 신치헌 목사님은 용기 있는 사람입니다. 젊은 사역자로서 교회 개척 사역을 통해 이주민 환대와 선교를 일치시키는 그의 사역은 실로 귀합니다. 독자들은 그 실체적 내용들을 본서를 통해 확인할 수 있습니다. 또한 이주민 선교 사역의 이론과 전략보다는 이주민과 같이 살아 내는 실체적 온도감을 느낄 수 있을 것입니다. 본서의 발행을 진심으로 축하하며, 부디 많은 사람이 이주민 선교 사역을 맛보고 참여하기를 소망합니다.

문창선 _ 위디선교회, MMTS, 디아스포라신문 대표

ⓒ 이 책에는 진정한 도시 다문화 공동체를 이루기 원하는 신 목사님과 시티센터교회가 걸어온 지난 6년간의 기도와 눈물이 배어든 한 걸음 한 걸음이 담겨 있습니다. 이 책은 다문화 교회 개척을 위한 ABC를 담은 책이 아닙니다. 오히려 교회의 본질이 건물이나 프로그램이 아니라, 예수님을 따르는, 그분의 마음을 닮아 가는 공동체에 있다는 답을 찾아 가는 기록들입니다. 새로운 공동체를 시작하며 많은 어려움을 마주하고 계시는 분들과, 삶과 일터에서 그리스도인으로 살아가며 도전과 고통을 마주하고 계시는 모든 분에게 이 책의 일독을 권합니다.

민준호 _ 재단법인 아이제이엠코리아 대표

ⓒ 이 감동적인 책을 읽을 때 주의할 점이 있습니다. 이 책을 '다문화 교회' 개척 이야기로 읽기보다는 그저 '복음적 교회' 개척 이야기로 읽으라는 것입니다. 시티센터교회가 다문화 공동체의 아름다운 모습을 가지게 된 것은 다문화를 목표로 했기 때문이 아니라, 복음을 선포하고 나누는 것을 목표로 했기 때문입니다. 복음이 어떻게 이 많은 다양한 사람들을 포용하는지를 중심으로 이 책을 읽는다면, 꼭 다문화 교회가 아니라 하더라도 모든 교회에 적용할 수 있는 복음적 원리를 터득하고 누릴 수 있게 될 것입니다!

이정규 _ 시광교회 담임목사

ⓒ 이 책에는 다문화 사역의 필요성을 누구보다도 체계적으로 강조해 온 저자의 열정과 헌신이 고스란히 담겨 있습니다. 신치헌 목사님은 이주민들과의 연합과 협력을 통해 하나님의 선교 과업을 수행해야 한다는 메시지를 따뜻하면서도 깊이 있게 전달합니다. 치열한 사역 과정과 그 과정에서 얻은 통찰은 다문화 사역을 고민하는 모든 목회자와 성도에게 귀중한 인사이트를 제공합니다. 에피소드마다 드러나는 그의 탁월하고 비범한 사역 방식은 이 책을 읽는 이들에게 큰 도전과 영감을 줄 것입니다.

이현철 _ 고신대 기독교교육학 교수

ⓒ 신 목사님은 도시 개척 사역과 이주민 사역의 전략가요 운동가입니다. 이 두 가지 사역을 통해 경험한 하나님의 일하심과 자신의 실수들을 이 책에서 솔직하게 그리고 모두가 이해하기 쉽게 일상의 언어로 잘 녹였습니다. 도시 개척 사역을 꿈꾸는 사역자들에게 도시를 향한 하나님의 마음이 어디에 있는지를 알려 주며, 바로 그 이웃들의 친구가 될 것을 요청합니다. 우리를 당신의 동역자로 부르신 구주께서 각자의 자리를 어떻게 신실하게 지켜 가기를 기뻐하시는지 깨닫고 그 위에 굳게 서는 데 유익을 얻게 되기를 기대합니다.

이호상 _ 울산교회 담임목사

ⓒ 책 제목에 약간은 생소한 '다문화 교회'가 나온다고 해서 이 책을 다문화 교회에 관심이 있는 분들에게만 추천하고 싶지는 않습니다. 오히려 하나님이 원하시는 이 시대의 교회에 대해 진지한 관심이 있는 분들이 이 책을 읽었으면 좋겠습니다. 교회는 처음부터 다민족, 다언어, 다문화 공동체였습니다. 아마 천국에서도 그러할 것입니다. 주님께 기쁨이 되는 교회를 이루고 싶다면, 꼭 읽어야 할 책입니다. 감동으로 읽을 것이라고 확신합니다.

정근두 _ 울산교회 원로목사

ⓒ 다민족, 다문화 시대에 돌입하는 한국 사회와 교회를 위해 매우 시의적절하고 좋은 모델이 될 만한 책입니다. 지난 30년간 한국 이주민 선교 사역은 시대에 따라 각양의 모습으로 대응해 왔지만, 특히 이 책은 미래 지향적이며, 또한 실제 경험을 통한 이야기 중심이라는 면에서 이주민, 다민족 또는 도시 선교에 관심이 있는 사람이라면 누구나 쉽게 배우고 적용할 수 있는 참고서가 될 것입니다. 미래를 준비하는 한국 교회에 큰 울림과 영향을 미치는 책이 되기를 기대하며 적극 추천합니다.

정노화 _ KPM 선교사, 한국이주민선교연합회 상임대표

| 차례 |

추천사　004
프롤로그　014

1부
Belonging의 공동체　020

01 _ 우리가 할게요!
02 _ 안디옥 교회의 꿈
03 _ 여기가 제가 속한 곳이에요
04 _ 엄마, 제이슨 삼촌 외국인이래요!
05 _ 그분 외국인 아니에요
06 _ 저는 다문화가 싫어요
07 _ 교회가 제게는 유일한 가족이에요
08 _ 목사님 설교 들으러 오는 게 아니에요
09 _ 아이를 키우는 데는 온 마을이 필요하다
10 _ 환대하고 용납하는 아둘람 공동체

성도들의 고백 1　**조이 자매**(캐나다 | 원어민 교사)　072
성도들의 고백 2　**제이슨 강도사**(필리핀 | 이주 근로자, 유학생, 사역자)　078

2부

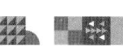

Believing의 공동체   **086**

11 _ 할로윈 대신 할렐루야

12 _ 포틀럭 파티

13 _ 약 드실 시간입니다

14 _ Third Culture Kids

15 _ 예배 세 시간도 괜찮아요!

16 _ 지상에서 맛보는 천상의 예배

17 _ 다문화 사역의 장애물과 해결책

18 _ 주일 오전 11시, 모두가 하나 되는 시간

19 _ 하나님의 플랜 A

20 _ 플랫폼 교회

성도들의 고백 3   **나리 자매**(필리핀 | 결혼 이민자)   **164**

성도들의 고백 4   **데이비드 형제**(인도 | 유학생)   **170**

3부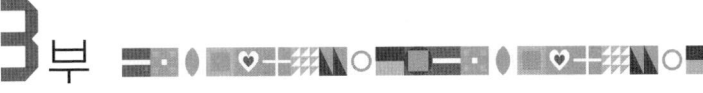
Blessing의 공동체　174

21 _ 이주민과 함께하는 도시 선교
22 _ 도시 선교, 왜 해야 할까?
23 _ 아빠는 왜 외국인들을 사랑해요?
24 _ 또 하나의 열매를 바라시며
25 _ 바울은 심고, 아볼로는 물을 주고
26 _ 너와 네 집이 구원을 받으리라
27 _ 목사님이 그걸 어떻게 알았어요?
28 _ 명예 수치 문화의 사람들에게 복음 전하기
29 _ 엄마는 다문화 사회 전문가
30 _ 이상한 목사, 꿈꾸는 목사

성도들의 고백 5　**웬디 자매**(필리핀 | 결혼 이민자)　**254**
성도들의 고백 6　**버헬 형제**(필리핀 | 이주 근로자)　**260**

에필로그　열매 맺는 다문화 교회의 네 가지 특징　**266**

프롤 _
로그 _

2024년 4월 국내에 체류하는 외국인 인구가 250만 명(전체 인구 대비 5%)을 넘어서면서, 대한민국은 아시아 최초 '다인종, 다문화 국가'가 되었습니다. 이주민들은 우리 사회의 모든 영역에서 큰 비중을 차지하고 있으며, 이주민이 없는 우리의 교육 현장, 산업 현장, 그리고 교회의 모습은 더 이상 상상할 수 없습니다. 이제 우리 사회와 한국 교회는 우리 땅에 들어온 그들과 어떻게 해야 함께 잘 살아갈 수 있을지를 고민해야 합니다.

다양한 목적으로 우리 도시 안에 들어와 있는 이주민들은 일차적으로는 하나님의 선교의 대상입니다. 하나님은 우리가 들어가서 쉽게 복음을 전할 수 없는 열방의 영혼들을 우리 안방으로 보내 주셨습니다. 하지만 그들은 단순히 일방적으로 섬김과 사랑을 받기만 하는 대상이 아닙니다. 우리와 함께 우리 도시와 열방에 복음을 전할 하나님의 선교의 동역자이며 한국 사회와 한국 교회의 복덩이들입니다. 동등한 위치에서 상호 간에 섬김과 사랑을 주고받아야 할 우리의 가족이자 파트너입니다. 우리는 이주민들과 연합하고 협력하여 도시 안에서 하나님의 선교의 과업을 함께 수행해야 합니다. 예수 그리스도의 십자가 복음으로 인해 우리 사이의 모든 막힌 담과 장벽이 허물어졌고, 복음 안에서 그들은 우리와 "동일한 시민이요 하나님의 권속"(엡 2:19)이 되었기 때문입니다.

한국 교회의 이주민 선교 첫 30년이 지나고 새로운 세대를 맞이하게 되었습니다. 저는 한국과 미국에서 다양한 이주민 선교와 도시 선교를 경험하면서 새로운 시대에 적합한, 성경적으로 상황화된 새로운 교회의 모델을 고민했습니다. 이주민을 '위한' 선교mission for the migrants나 이주민에 '의한' 선교mission by the migrants의 모델이 아닌, 이주민과 '함께하는' 선교mission with the migrants의 모델을 추구하는 교회가 필요하다는 확신에 이르렀습니다. 드디어 2019년 1월, 울산의 중심인 '중구 중앙동 중앙길 91(구원)번지'에 하나님의 은혜로 시티센터교회City Center Church: CCC를 개척하게 되었습니다.

그리고 분립 개척한 지 5년 4개월이 지나, 경주에 있는 이주 근로자들과 결혼 이주 여성들을 위해 멀티사이트multi-site 방식으로 경주 채플을 분립 개척했습니다. 개척한 지 7년째를 맞은 현재는 울산 채플과 경주 채플을 합쳐 전체 약 80명의 멤버들이 함께 예배하고 봉사하는 다문화, 선교적 공동체로 자리 잡았습니다. 여전히 부족한 점이 많고 아직도 여러 시행착오를 겪고 있습니다만 이러한 형태의 교회가 한국 교회에 하나의 대안이자 모델이 될 수 있음을 확신하기에, 우리 교회를 소개해야겠다는 생각에 용기를 내어 책을 내게 되었습니다.

이 책의 독자를 세 부류로 예상해 보았습니다. 우선, 이 책에서 소개하는 시티센터교회는 특정 부류의 사람들이 모이는 특수한 교회가 아닙니다. 누구나 소속될 수 있는 보편적인 교회이며, 일반적인 지역 교회입니다. 따라서 이 책은 그리스도와 그분의 교회를 사랑하고, 복음을 사랑하는 분들을 위한 책입니다. 이 책에서는, 어떻게 그리스도의 몸인 교회가 복음을 통해 세워져 가는지, 몸의 다양한 지체들이 어떻게 서로 존중하고 협력하면서 다양성 속에서 일치를 이루어 가는지를 그렸습니다. 또 어떻게 우리 안에 있는 교만과 우월감, 차별과 같은 율법주의로부터 파생된 죄들을 복음으로 극복할 수 있는지, 복음 중심적인 공동체의 모습이 어떠한지를 볼 수 있습니다.

두 번째로, 이 책은 보편성과 함께 '다문화 교회'라는 특수성도 포함하고 있습니다. 따라서 이주민 선교와 도시 선교에 관심이 있는 분들을 위한 책입니다. 『팀 켈러의 센터처치』에서는 "세계의 오지를 전도할 수 있는 가장 좋은 방법이 있다면 바로 당신이 살고 있는 도시를 전도하는 것이다"라고 합니다. 한국은 이미 다문화 사회로 진입했으며, 우리 도시는 이미 선교지가 되었습니다. 우리 도시 안에 들어온 이주민들에게 복음을 전하는 도시 선교는 세계 선교를 위한 최선의 전략이자 하나님의 플랜 A입니다. 더 이상 미루거나 어쩔 수 없이 선택하는 차선책이 아닙니다. 그런 의미에서, 이주민 선교와 도시 선교의 여행을 떠난 분들이나 준비하는 분들에게 이 책은 친절한 여행 가이드가 될 수 있다고 생각합니다.

마지막으로, 이 책은 우리 교회를 사랑하는 성도님들과 다음 세대인 자녀들, 그리고 기도의 동역자들을 위한 책입니다. 주님의 교회를 세우고자 눈물과 땀을 흘린 분들에게 그분들이 잘 알지 못했던, 우리 교회 가족들의 감동적인 이야기들을 나누고 싶었습니다. 그리고 다문화 사회와 미래 한국 교회의 주역이 될 우리 교회의 다음 세대에게 자랑스러운 우리의 이야기들을 남겨 주고 싶었습니다.

이 책이 나오기까지 수많은 분의 노력과 헌신, 그리고 여러 선생님의 가르침이 있었습니다. 그 누구보다 제 부족함을 인내해 주고 제가 몰랐던 이주민들의 마음과 문화를 가르쳐 준 제이슨 강도사님과 영어 멤버들, 그리고 한국 멤버들에게 감사를 드립니다. 이 책은 저 혼자만의 노력의 결과물이 아닙니다. 우리 교회 가족들 모두의 땀과 눈물이 담긴 공동 작업물이라고 할 수 있습니다. 또한 힘들었던 삶의 이야기를 용기 있게 나누어 주신 분들에게도 감사드립니다. 여러분은 제 인생과 우리 교회의 복덩이들입니다.

제가 복음 중심적인 신학적 비전을 발전시킬 수 있도록 크게 영향을 주신 분들이 있습니다. 도시 선교를 가르쳐 주시고 아둘람 공동체의 비전을 나누어 주신 김성운 교수님(고려신학대학원), 교회 개척을 통한 도시 선교와 하나님 나라 확장의 비전을 몸소 실천함으로써 가르쳐 주신 정근두 총장님(에스라성경대학원대학교)과 노성현 목사님(소명교회)께 감사드립니다. 그리고 소천하신 故 팀 켈러 목사님의 책들과 설교들을 보고 들으며 영향을 많이 받았습니다.

울산교회 이호상 목사님과 성도님들을 포함해서, '이런 교회가 울산에 꼭 있어야 한다'고 하시며 우리 교회의 발걸음을 응원해 주시고, 기도와 물질로 후원해 주신 여러 교회와 성도님들에게도 감사드립니다. 덕분에 제가 목회에 더욱 집중할 수 있었습니다. 그리고 이 숨은 이야기들이 세상에 나올 수 있도록 큰 결단을 해 주고 애써 주신 이레서원 출판사에도 깊은 감사를 드립니다.

또한 제게 교회와 선교를 향한 사랑과 헌신의 본을 보여 주신 아버지와 어머니, 그리고 제 목회 사역에 누구보다 큰 힘이 되어 주시는 장인어른과 장모님에게도 진심으로 감사드립니다. 마지막으로, 부족한 남편을 끝까지 신뢰하고 지지

하면서 어떠한 믿음의 모험도 기꺼이 함께해 주는 여행의 동반자이자, 제가 더욱더 그리스도를 닮을 수 있도록 참고 인내하며 돕는 배필이 되어 준 제 인생 최고의 복덩이인 아내 김선경에게, 그리고 제 기쁨이자 자랑인 세 자녀 하리, 시아, 로건이에게 사랑과 감사를 전합니다.

"내가 너희를 생각할 때마다 나의 하나님께 감사하며 간구할 때마다 너희 무리를 위하여 기쁨으로 항상 간구함은 너희가 첫날부터 이제까지 복음을 위한 일에 참여하고 있기 때문이라 너희 안에서 착한 일을 시작하신 이가 그리스도 예수의 날까지 이루실 줄을 우리는 확신하노라" 빌 1:3-6

구주대망 2025년 1월 3일
주님이 사랑하시는 복된 도시 울산에서

1부

Belonging의 공동체

> 이 중 Belonging은 다문화 교회에 있어서
> 대단히 중요한 비전이며 가치다.
> 사람에게는 상반된 이중 갈망이 있다.
> 한편으로는 누구에게도 간섭받지 않는
> 독립과 자유를 갈망한다. 동시에, 다른 한편으로는
> 관계를 맺고 공동체에 소속되기를 갈망한다.
> 울산에는 타 도시와 타국 출신의 이주민들이 많다.
> 그러므로 낯선 도시에서 자신을 따뜻하게
> 받아들여 주는 곳, '여기가 내 집이고 내 가족이다'라고
> 말할 수 있는 공동체가 필요하다.
> 이러한 이들이 소속될 수 있는 가족 공동체가
> 더욱 되어 주는 것이 바로
> 우리 시티센터교회의 첫 번째 비전이다.
>
> _ 본문 중에서

01
우리가 할게요!

2018년 봄이었다. 울산노회(예장 고신)에서 교회 개척 사명자 두 명을 선발한다는 공고가 떴다. 놀라울 정도로 조건이 좋았다. 사역자 한 명당 3년 동안 매달 150만 원을 지원해 주고 개척 지원금 1억 원도 제공한다는 내용이었다. 공고를 보는 순간을 지원해 주고 내 마음은 기대로 가득 찼다. '이건 나를 위한 기회다!'

나는 이미 준비가 되어 있었다. 미국 유학 시절에 다양한 이주민 사역을 경험하면서 한국에 가면 다문화 교회를 개척해야겠다는 로드맵을 그려 둔 상태였다. 울산에는 약 600여 개의 한국인 교회가 있었고, 그중 하나의 외국어로 예배하는 외국어 예배부가 있는 교회와 이주민 교회가 몇 개 있었다.

하지만 이주민과 한국인이 두 가지 언어로 함께 예배하는 다인종, 다문화 교회는 하나도 없었다. 새로운 다문화 시대에는 이주민과 한국인이 함께하는 새로운 형태의 교회가 필요했다.

하지만 선발 결과는 내 예상과 달랐다. 나는 선정되지 못했다. 기대했던 만큼 실망감도 컸지만, 내 안에는 하나님께서 다른 길을 열어 주시리라는 믿음이 있었다. 당시 울산교회 담임이셨던 정근두 목사님께서 내게 물으셨다.

"교회 개척에 대한 생각은 여전히 변함이 없습니까?"

그 질문은 나를 다시 일으켜 세웠다. 아내와 기도하며 고민한 끝에 우리는, 울산에 두 가지 이상의 언어로 한국인과 이주민이 예배하는 교회가 꼭 세워져야 한다는 확신을 얻었다. 나는 목사님께, 영어 예배부 이주민 멤버들을 개척 멤버로 허락해 주시면 재정 지원이 없더라도 개척을 하고 싶다고 말씀드렸다. 목사님은 나의 진심을 알아 주셨고, 당회와 의논하신 후 시티센터교회의 분립 개척을 허락해 주셨다. 그뿐 아니라 재정을 포함한 여러 가지 지원을 약속해 주셨다.

2018년 12월 30일, 울산교회에서 시티센터교회 파송식이 열렸다. 스무 명이 조금 넘는 외국인 멤버들과 나의 가족이 파송을 받기 위해 단상 위로 올라갔다. 그런데 뜻밖의 일이 일어났다. 예전에 내게 양육을 받았던 동호 형제가 단상으로 올라오며 말했다.

"목사님, 저도 함께 갑니다."

그 한마디는 우리 부부에게 커다란 감동과 격려를 안겨 주었다.

2019년 1월 6일, 시티센터교회의 첫 예배가 드려졌다. 새로운 시작이었다. 약 스무 명의 외국인과 다섯 명의 한국인 멤버, 그리고 약 열 명의 어린이로 구성된 작은 교회였다. 한국인의 수가 적은 것을 듣고 몇몇 사람이 걱정하듯 물었다.

"목사님, 한국인 봉사자가 많이 없어서 어떻게 해요?"

나는 웃으며 답했다. "봉사자 없어도 괜찮아요. 새롭게 개척하는 교회에 필요한 분들은 봉사자들이 아니라 예배자들입니다. 이주민을 섬길 사람들이 아니라 이주민에게 친구이자 가족이 되어 이주민과 함께 예배하고 함께 섬길 사람들이 필요합니다."

나는 확신과 자신감에 가득 차 있었다. 그 자신감의 원천은 세 가지였다.

첫째, 다문화 교회 개척의 필요와 당위성에 대한 확신이었다. 이주민과 한국인이 동등한 위치에서 예배하고 봉사하는 교회, 서로의 차이를 넘어 복음 안에서 하나 되는 다문화 교회는 많은 이주민이 한국인과 이웃하며 살아가는 도시 울산에 반드시 필요했다.

둘째, 복음의 능력에 대한 믿음이었다. 미국에서 유학하던 시절, 팀 켈러 목사님과 캐시 사모님이 고든콘웰 신학교에 와서 강의를 하신 적이 있다. 그때 캐시 사모님의 말씀이 내게 깊은 울림을 남겼다.

"리디머 교회가 오늘날까지 올 수 있었던 건 팀 켈러 때문이 아니라, 복음의 능력 때문이에요. 팀 켈러가 믿었던 복음의 능력을 후임 목회자들도 동일하게 믿고 있기에 리디머 교회의 미래가 걱정되지 않아요."

교회 개척과 사역의 성공 여부는 나의 능력이 아닌 복음의 능력에 달려 있음을 확실히 깨달았던 순간이었다.

셋째, 영어 예배부 외국인 멤버들의 헌신이 큰 힘이 되었다. 개척 초기 때 영어를 못하는 한국인들을 위해 한동안은 한국어 예배를 드렸는데 그 예배를 섬길 사람들이 필요했었다. 그때 외국인 리더들이 이렇게 말했다.

"목사님, 걱정하지 마세요. 우리가 다 할게요. 한국어 예배도, 한국인도 우리가 섬기겠습니다."

그들의 믿음과 헌신은 내게 큰 용기를 주었다. 나는 그들과 함께 꿈을 꾸었다. 한국인과 외국인이 같이 예배하고, 서로의 문화와 언어를 존중하며 복음 안에서 하나 되는 교회가 되기를. 그 꿈이 시티센터교회라는 이름 아래서 현실이 되기 시작했다.

02
안디옥 교회의 꿈

개척 직후 한국인들이 종종 교회로 찾아왔다. 방문 이유와 경로가 다양했다. 지인의 소개로, 인터넷 검색을 통해, 또 지나가다가 우연히 들어온 분들도 있었다. 어떤 분들은 교회 로고와 이름이 평범하지 않다며 혹시 이단은 아닌지 확인하러 오기도 했다.

그들은 공통적으로 이렇게 질문했다.

"여기 교회 맞나요? 소속된 교단이 어디인가요?"

"한국 사람도 와도 돼요? 영어 못하는데 괜찮아요?"

교회가 시내 상업 지역의 한복판에 위치해 있었고, 인테리어가 일반적인 예배당과 달랐으며, 여러 나라에서 온 사람들이 어울려서 예배를 드리고 있으니 저렇게 묻는 것이 한편으로는 당연했다. 방문자를 환영해 주고 예배 안내를 하는 사람, 사회를 보는 사람, 찬양을 인도하는 사람, 대표 기도를 하는 사람이 모두 외국인인 경우는 처음이었을 것이다.

"여기는 한국인, 외국인 누구나 올 수 있습니다. 영어만 쓰는 국제 교회나 외국인 교회도 아니고, 한국어만 사용하는 한국인 교회도 아닙니다. 한국어와 영어를 다 사용하는 다문화 교회입니다. 국적이나 언어에 상관없이 누구나 와서 예배드릴 수 있어요."

사도행전 11장에 기록된 안디옥 교회는 우리가 꿈꾸는 교회의 모델이다. 이 교회는 유대인과 헬라인이 예배하는 최초의 다인종, 다문화 공동체였다. 유대인과 헬라인이 모였기에 그 교회는 유대인만의 교회도, 헬라인만의 교회도 아니었다. 그러므로 서로 다른 두 그룹을 담을 새로운 제3의 정체성이 필요했다. 주변 사람들은 그들을 가리켜 "그리스도인"이라고 불렀고, 그 교회는 그리스도인의 교회가 되었다.

시티센터교회 역시 그런 제3의 교회를 지향한다. 이 교회는 한국인과 외국인이 모여 하나님을 예배하고 교제하는 교회다. 국적, 피부색, 언어, 문화에 상관없이 복음 안에서 하나 되는 공동체다. 여기에는 한국, 필리핀, 미국, 남아공, 인도, 영국, 캐나다, 뉴질랜드, 중국, 네팔, 스리랑카, 라오스, 태국, 키르기스스탄, 멕시코 등 다양한 나라 출신의 사람들이 모인다. 하지만 이들은 자신의 정체성을 인종이나 국적, 언어나 문화에 두지 않는다. 이들은 모두의 공통 분모인 복음 안에서 정체성을 찾는다.

내가 알기로는, 우리나라에 존재하는 대부분의 다인종 교회 또는 다문화 교회는 다양한 국적의 사람들이 모이지만 하나의 지배적인 언어와 문화를 중심으로 사역을 진행한다. 영어와 서구 문화를 중심으로 하는 국제 교회, 혹은 한국어와 한국 문화를 기반으로 하는 다민족 교회가 대부분이다.

우리 시티센터교회는 그 두 가지 범주에 속하지 않는다. 한국어와 영어뿐 아니라 다양한 언어가 공존하며, 다양한 문화가 존중받는, 그러면서도 다양성 속의 일치를 추구하는 제3의 공동체를 지향한다.

나는 확신했다. 복음의 본질과 성경에 충실하면서도 이 시대에 상황화된 교회, 언어와 민족과 문화에 상관 없이 누구나 소속될 수 있는 교회가 울산에 반드시 필요하다는 것을. 그 교회가 바로 시티센터교회였다. 하나님의 백성이 하나 되는 그분의 꿈이 이곳에서 시작되고 있다.

이 교회는 내가 살고 있는 도시인 울산을 위한 교회이지만 교회의 사명은 단순히 울산에만 국한되지 않는다. 우리는 도시의 중심city center에서 도시와 열방에 복음을 전하는 선교의 중심mission center이 되고자 한다. 사도행전 13장에서는 바울과 바나바가 안디옥 교회에서 파송되면서, 세계 선교의 중심이 단일 민족으로 구성된 예루살렘 교회에서 다민족, 다문화 교회였던 안디옥으로 옮겨 가는 것을 볼 수 있다. 시티센터교회도 작지만 도시와 열방을 위한 하나님의 복덩이가 되고자 하는 큰 꿈을 품고 있다. 이렇게 시티센터교회의 첫 발걸음이 시작되었다.

03
여기가 제가 속한 곳이에요

우리 교회의 비전은 Belonging, Believing, Blessing(소속되기, 신앙 갖기, 축복하기)이다. 일명 '3B 비전'이라고 부른다. 이 세 가지는 우리 교회가 존재하고 기능하는 가장 중요한 목적이자 이유라고 할 수 있다. 간단히 설명하면 다음과 같다.

- Belonging: 시티센터교회는 인종, 국적, 언어, 문화, 직업 등에 상관없이 누구나 소속될 수 있는 다문화 공동체다.
- Believing: 시티센터교회는 모든 관계와 사역에 있어 예수 그리스도의 복음이 중심이 되는 신앙 공동체다.
- Blessing: 시티센터교회는 도시와 열방에 예수 그리스도의 복음을 전하는 선교적 공동체다.

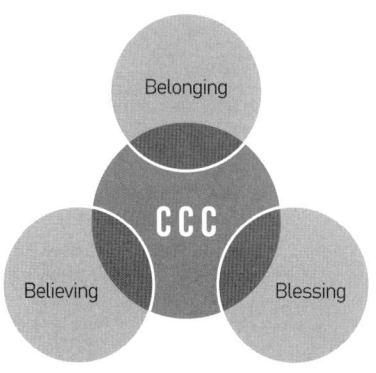

그림1. 시티센터교회의 3B 비전

이 중 Belonging은 다문화 교회에 있어서 대단히 중요한 비전이며 가치다. 사람에게는 상반된 이중 갈망이 있다. 한편으로는 누구에게도 간섭받지 않는 독립과 자유를 갈망한다. 동시에, 다른 한편으로는 관계를 맺고 공동체에 소속되기를 갈망한다. 울산에는 타 도시와 타국 출신의 이주민들이 많다. 그러므로 낯선 도시에서 자신을 따뜻하게 받아들여 주는 곳, '여기가 내 집이고 내 가족이다'라고 말할 수 있는 공동체가 더욱 필요하다. 이러한 이들이 소속될 수 있는 가족 공동체가 되어 주는 것이 바로 우리 시티센터교회의 첫 번째 비전이다.

영어 예배부였다가 시티센터교회로 개척해 나오면서, 멤버들은 교회에 대해 더 큰 소속감을 갖게 되었다. 그 변화는 가장 먼저 헌금 생활을 통해 나타났다. 영어 예배부에서는 십일조를 하는 멤버들이 거의 없었다. 본국에서부터 크리스천이었고 거기서 십일조 생활을 하던 멤버들이 있었는데도 그러했다. 나중에 이유를 물어보니, 담당 사역자의 사례비와 부서의 1년 예산이 모두 교회에서 나오기 때문이라고 했다. 부서가 재정적으로 큰 어려움이 없어 보였기에 자신들이 십일조를 해야겠다는 필요성을 못 느꼈던 것이다. 그러나 교회로 독립해서 자신들의 교회가 생기자 앞으로는 십일조를 하겠다고 약속했다.

봉사 부분도 그러했다. 교회 내의 부서일 때는 한국인 중심으로 거의 모든 봉사가 진행되었다. 50대, 60대의 한국인 집사님들, 권사님들이 정말 헌신적으로 외국인 멤버들을 섬겨 주셨다. 공장 기숙사로 매주 차량 픽업을 다니고, 주보와 PPT를 만들고, 교회를 청소하고, 오랜만에 고향을 방문한 자녀들을 대하듯이 맛있는 식사를 제공해 주셨다. 또 멤버들이 장기간 결석할 때는 공장으로, 기숙사로, 가정으로 심방도 다니셨다. 그들의 헌신적인 사랑 위에 영어 예배부가 든든히 세워져 갔다.

그렇지만 교회를 개척하면서, 후에 멤버들에게 들어 보니, 한국인 성도들의 섬김을 받는 것이 항상 좋기만 했던 것은 아니었다고 했다. 일방적으로 사랑을 받기만 하는 것이 죄송했고, 때로는 아무것도 하지 못하는 어린이처럼 대우받을 때도 있었다고 한다. 그저 한국어만 잘 구사하지 못할 뿐다 큰 성인인데 말이다. 몇 년이 지났는데도 여전히 손님이나 이방인처럼 대접받는 것이 한편으로는 고마우면서도 다른 한편으로는 불편했던 것이다.

그런데 이제 부서가 아닌 교회로 독립하게 되면서 많은 것이 바뀌었다. 더 이상 자신들은 봉사나 섬김의 대상이 아니었다. 떠먹여 주고 챙겨 주어야 하는 어린아이가 아니었다. 봉사하고 섬겨야 하는 위치가 되었다. 게스트guest에서 호스트host로 변한 것이다. 교회 청소부터 음식 준비나 설거지, 찬양, 미디어, 예배 안내, 새가족 환영, 전도와 심방, 때로는 차량 운행까지도 모두 자신들의 몫이었다. 이렇게 섬기는 동안 '이곳은 내 교회이며, 내 집이다'라는 소속감이 생기면서, 주인 의식과 책임 의식이 더 강해졌다.

또 다른 변화는 예배 장소와 목회자를 다른 부서와 공유하지 않아도 된다는 것이었다. 그동안에는 공간이 부족해서 시간의 제약이 있었고, 불편했었다. 담당 교역자였던 나도 교회 내의 다른 사역들 때문에 영어 예배부의 이주민 멤버들에게는 시간과 에너지를 30% 정도밖에 사용하지 못했던 것 같다. 하지만 이제 멤버들에게는 100% '우리 목사님', '우리 공간'이 생겼다. 언제든지 편하게 방문할 수 있는 집과 편하게 만날 수 있는 가족이 생긴 것이다.

캐나다 출신의 조이 자매님은 우리 교회를 소개할 때마다 이렇게 말한다.

"여기가 제가 속한 곳이에요."

그녀는 한국에 와서 첫 1년은 외로움과 고통의 시간을 보냈다고 한다. 평생 대가족 환경에서 자라 왔기에 곁에는 언제나 가족이 있었는데, 낯선 한국에 오면서 가족으로부터 멀어졌고, 학교에서 영어 교사로 일하는 시간을 제외하고는 혼자일 때가 많았다. 그러다 누군가가 영어 예배부를 소개해 주었다. 영어 예배부에서 찬양 리더로 봉사하다가 한국인과 결혼을 하고 결국 시티센터교회 개척 멤버로 함께하게 되었다. 조이 자매님은 캐나다로 돌아가기 전까지 개척 초기 3년을 교회의 리더로 누구보다 열심히 헌신해 주었다.

"이곳이 제 집이고 이 사람들이 제 가족이에요!"
"드디어 가족이라 부를 공동체를 찾았어요!"

우리 교회에 와서 가족이 된 분들의 고백이다. 경주에서 기차와 버스를 타고, 또 부산에서 버스를 세 번이나 갈아타고 오는 멤버들이 있다. 한두 시간을 대중교통을 이용해서 오면서도 활짝 웃으며 교회에 들어온다. 그렇게 교회는 점점 그들에게 집 같은 공간이 되었다. 주일에만 교회에 오던 성도들이 주중에도 교회에서 모인다. 그리고 예배가 끝났는데도 좀처럼 집으로 돌아가지 않으려고 한다. 내가 "집에 좀 가세요"라고 농담처럼 말하면, 그들은 "여기가 집인데요?"라고 대답한다.

그렇다. 누구나 어딘가에 소속되기를 갈망한다. 고향과

가족을 떠난 이들에게는 소속될 공동체와 가족이 더더욱 필요하다. 이주민들에게 교회는 건물이나 공간 이상의 의미가 있다. 교회는 집을 떠난 그들에게 또 다른 집이며, 가족을 떠난 그들에게 또 다른 가족인 것이다. 교회는 남에게 잘 보이려고 나를 포장하거나 긴장할 필요가 없는 곳, 마음과 영혼이 쉼을 얻는 진정한 영혼의 집이자 가족이 되어야 한다. 이것이 바로 우리 교회가 Belonging을 강조하는 이유다.

한국인이건 외국인이건, 모든 그리스도인은 하늘 본향을 향해 가는 순례자이며 하늘에 속한 천국 시민권자다. 본질적으로 우리는 모두 영적 이주민이자 나그네다. 한국인도 자신이 나그네이자 이주민라는 정체성을 갖게 될 때, 이 땅에 들어온 이주민들의 마음을 공감할 수 있고 그들과 한 가족이 될 수 있다. 이 땅의 모든 이주민과 나그네가 소속감을 가지고 집처럼 편안히 쉴 수 있는 교회가 우리 도시 가운데 더욱 필요하다.

04
엄마, 제이슨 삼촌 외국인이래요!

교회를 개척하고 바쁘게 지내던 어느 날, 당시 여섯 살이던 첫째 딸이 눈을 동그랗게 뜨고 놀랍다는 듯이 이렇게 말했다.

"엄마, 엄마! 제이슨 삼촌 외국인이래요!"

그 말에 아내와 나는 피식 웃고 말았다. 딸은 우리와 한국어로 소통하고 친근하게 지내던 제이슨 강도사님이 당연히 한국 사람일 것이라고 생각했던 모양이었다. 그런데 그의 가족과 집이 필리핀에 있다는 사실을 알게 된 것이다.

나는 그동안 외모, 피부색, 언어 같은 조건으로 상대를 판단하고 구분 지었었다. 하지만 어린 딸은 그런 기준으로 사람을 보지 않았다. 자신과 같은 공간에서 생활하는 제이슨 삼촌이 그냥 우리 가족과 같다고 느꼈을 뿐이었다.

몇 년이 지난 지금, 유치원에 다니는 셋째 아들도 그런 모습을 보인다. 필리핀 삼촌들과 부산으로 여행을 간 적이 있었는데 아들은 외국인 삼촌들이 알아듣든지 말든지 "삼촌, 삼촌" 부르며 한국어로 계속 말을 걸었다. 나는 아들의 모습에 웃기도 하지만, 그 거리낌 없는 태도가 부럽기도 하다. 아이들은 문화적, 언어적 장벽에 그다지 영향을 받는 것 같지 않다.

우리 교회에는 넓은 공간이나 다양한 신앙 교육 프로그램은 없지만, 우리 아이들이 누릴 수 있는 특별한 복이 있다. 바로 글로벌한 환경 속에서 양육받고 자라는 경험이다. 우리 교회에서는 외모, 피부색, 언어, 문화가 다르더라도 모든 이가 한 가족처럼 지낸다. 겉모습이 달라도 우리 아이들은 이주민 멤버들을 삼촌과 이모로 부르며 진정한 가족처럼 지내고 있다.

우리 아이들이 살아갈 미래의 한국 사회는 지금보다 훨씬 다양한 인종과 문화가 공존하는 다문화 사회가 될 것이다. 그러한 글로벌한 세상에서 중요한 것은 문화적 감수성과 세계 시민으로서의 태도다. 나는 우리 교회의 아이들이 다른 문화를 이해하고 존중하며 소통할 줄 아는 다문화 감수성을 갖추기를 바란다. 다문화 감수성 교육은 이론으로 접근하는 데는 한계가 있다. 다문화적이고 글로벌한 환경에서 다양한 사람들과 접촉하고 관계를 맺는 경험을 통해 자연스럽게 체득하는 것이 가장 좋다.

우리 교회는 이러한 환경을 아이들에게 제공하고 있다. 다양한 나라에서 온 형제자매들이 우리 공동체에 속해 있다. 그들 덕분에 우리 아이들은 교회 안에서 한국어, 영어, 따갈로그어, 아프리칸스어, 타밀어, 줄루어, 중국어, 스페인어 등 다양한 언어를 듣고, 세계 여러 나라의 음식을 맛보며 자라고 있다. 멀리 떠나지 않고도 이 작은 공간에서 세계를 만난다. 하나님께서 우리 도시, 우리 교회에 보내 주신 이주민 형제들 자매들 덕분이다.

나는 이주민 멤버들에게 가끔 고마움을 표현한다. "여러분 덕분에 우리 아이들이 다양한 언어를 배우고 다문화 감수성을 가진 세계 시민으로 성장하고 있습니다. 한국 사회와 경제, 한국 교회도 여러분 덕분에 더 다양해지고 더 발전하고 있습니다. 여러분은 한국을 살리기 위해 하나님이 보내신 복의 통로입니다."

정말 그렇다. 우리 곁 이주민들은 한국 교회뿐 아니라 한국 사회 전체를 위해 하나님이 보내신 복덩어리들이다. 하나님은 그들의 이주를 통해 그들과 그들의 가족은 물론 한국 교회와 한국 사회도 함께 복을 받게 하신다. 애굽에 종으로 팔려 간 요셉을 통해 이스라엘 가족뿐 아니라 애굽과 온 땅을 기근에서 건져 주셨던 것처럼 말이다. 하나님의 섭리와 그분의 계획은 정말 놀랍다. 이 땅에서 그들과 우리 모두를 위한 최선의 상황을 계획하고 계신다.

05
그분 외국인 아니에요

우리 교회에서 한국 성도들이 이주민 성도들에게 '외국인'이라고 부르는 것을 본 적이 있다. 또 국제결혼 가정에서 태어난 아이들을 외국 아이들로 여기는 경우도 있었다. 그런데 이주민 성도 중에는 한국에 시집 와서 한국 국적을 취득한 분들도 있었고, 그 가정에서 태어난 아이들은 전부 한국 국적을 가졌다.

예전에는 국제결혼으로 태어난 아이들을 '혼혈아'라고 불렀다. '피가 섞인 아이'라는 표현이 생각할수록 섬뜩하다. 다행히 그 단어는 이제 거의 사용되지 않지만 나에게는 여전히 신경 쓰이는 단어가 또 있다. '외국인'이다. 꼭 필요하고 유용한 단어이지만 가끔 부적절하게 사용될 때가 있다.

한국인 몇 명이 독일로 출장을 다녀왔다. 그중 한 명인 미스터 리가 한국에 돌아와서 이렇게 말했다.

"누가 나한테 길을 물어보는 거야. 아마 내가 그곳을 잘 아는 사람 같았나 봐."

그 이야기를 들은 미스터 킴이 묻는다.

"그 사람, 한국 사람이었어?"

"아니, 외국인이었어."

생각해 보자. 독일에서 외국인은 누구였을까? 바로 미스터 리 자신이었다. 그런데 그는 자신과 다른 외모를 가진 독일 현지인을 '외국인'이라고 칭하고 있다. 이 단어가 얼마나 외모에 기반을 두고 사용되는지를 단적으로 보여 주는 예다.

'외국인'의 사전적 의미는 국적과 관련이 있다. '우리나라 국적을 갖지 않은 사람', 혹은 '외국 국적을 가진 사람'이다. 하지만 우리 사회에서 이 단어는 국적보다는 생김새나 피부색과 결부되어 '나와는 다르게 생긴 사람'을 지칭하는 데 오랫동안 사용되어 왔다.

그렇다면 지금은 어떠한가? 외모만으로는 한국인, 외국인을 구별하기가 힘들다. 우리와 외모가 비슷하지만 외국 국적을 가진 외국인들도 있고, 백인이나 흑인처럼 우리와 외모가 많이 다른데도 한국 국적을 가진 한국인들도 있다. 앞으로 이런 사람들은 더 많아질 것이다. 그런데도 우리는 여전히 생김새나 피부색만으로 한국인과 외국인을 구분한다. 이미 다문화 사회에 진입한 지금, 우리는 '외국인'이라는 표현 사용에 대해 진지하게 고민해 볼 필요가 있다.

다른 나라의 경우는 어떠한가? 다양한 이주민들이 함께 어울려 사는 영국과 미국, 캐나다 등에서는 '외국인'이라는 용어 사용이 금기시되고 있다. 미국에서는 출신에 따라 'African American' 또는 'Korean American'처럼 표현한다. 영국에서도 아프리카 출신의 귀화한 영국인을 'Black British'로, 인도와 파키스탄 출신 귀화자는 'British Asian'이라고 부른다. 다문화주의 정책을 더 적극적으로 도입한 캐나다에서는 출신의 구별조차 두지 않는다. 단지 'Canadian'으로 자신을 소개한다. 이 국가들에서 '외국인'이라는 표현을 썼다가는 인종 차별주의자로 비난받을 수 있다.

우리 시티센터교회에서도 마찬가지였다. 우리 교회에 안에 있는 다수의 외국 출신의 성도들은 더 이상 외국인이 아니었다. 한국 국적을 취득한 사람들도 많았는데, 그들을 가리켜 우리와 외모가 다르다는 이유로 외국인이라고 부르는 것이 적절하지 않았다. 이는 이미 우리 사회의 일원이 되고 우리 교회의 가족이 된 외국 출신의 성도들을 여전히 손님으로 바라보게 만들 수 있었다. 적절한 다른 표현을 찾아야 했다. 서로의 다름과 차이를 인정하지만 그들을 차별하거나 배제하지 않는 표현이 필요했다.

그래서 국적이나 피부색에 관계없이 한국어로 예배하고

소통하는 것이 더 편한 멤버들은 '한국 멤버'(Korean Member, 줄여서 'KM')로 부르고, 영어가 더 편한 멤버들은 '영어 멤버'(English Member, 줄여서 'EM')로 부르기로 했다. 사실 이 용어는 우리가 고안해 낸 것이 아니다. 미국의 한인 교회 같은 곳에서도 모국어가 한국어인 이민 1세대는 'KM'으로, 미국에서 태어나 영어가 더 편한 2세대는 'EM'으로 부른다. 이 용어의 사용은 언어적 편의성을 넘어서, 모두가 교회의 동등한 일원이며 가족임을 기억하기 위한 작은 노력이었다.

언어는 우리의 사고를 지배한다. 우리가 사용하는 단어 하나가 사고방식을 바꾸고, 나아가서 사회 문화와 분위기를 형성한다. 나는 지금 '외국인'이라는 표현이 나쁘다거나 없어져야 한다고 말하는 것이 아니다. 다문화 사회가 된 지금, 한 교회 안에서 한 가족이 된 누군가를 외국인으로 부르는 것이 적절하지 않을 때가 있다는 것이다. 가족 공동체 안에서는 내국인-외국인의 구분이 불필요하고 부적절하기에, 앞으로는 적절한 표현이 필요하다는 것이다.

그렇다면, 서로를 어떻게 부르는 것이 가장 좋을까? 각 사람의 고유한 이름을 부르면 된다. '외국인들', '이주민들', '필리핀 사람들', '중국인들'과 같이 그들을 하나의 집단적인 용어로 묶지 말고, '나리 선생님', '허드슨 형제님', '로켄 씨', '정무야' 이렇게 개인의 이름을 불러 보자. 그리고 일대일로 인격적인 관계를 맺어 보자. 김춘수 시인의 "꽃"이라는 시의 구절처럼, 우리가 누군가의 얼굴을 바라봐 주고 누군가의 이름을 불러 줄 때, 비로소 의미 있는 만남이 시작되고 관계가 시작된다. 그것이 가족이 되고 다문화 교회를 이루어 가는 긴 여정의 첫걸음이다.

06
저는 다문화가 싫어요

    어느 날, 필리핀 아내를 둔 한국인 남성이 우리 교회로 전화를 했다. 꽤 규모가 있는 교회에 다니고 있는데 그 교회 내에 국제결혼 가정은 자신들뿐이라고 했다. 그런데 교인들이 그와 아내를 '다문화 가정'이라고 부르며 여느 가정과는 다르게 대한다고 하소연을 해 왔다.

    아내와 나이 차이도 별로 나지 않고, 연애를 하다가 자연스럽게 결혼을 했는데 아내가 필리핀 출신이라는 이유만으로 교인들이 자신들을 동정과 연민의 시선으로 바라보고, 도움을 받아야 할 대상으로 대하며 차별한다는 것이다. 그래서 그는 '다문화'라는 단어가 싫다고 했다.

    그의 이야기를 들으며 나와 우리 한국 교회의 모습을 돌아보게 되었다. 교회 안에서 우리가 별 뜻 없이 했던 말이, 누군가에게는 상처가 될 수도 있었다. 무지에서 나온 행동이 누군가에게는 차별로 받아들여질 수도 있었다. 차별이 아닌 좋은 의도로 그렇게 했을지라도 말이다. 의도와는 상관없이 상대방에게 아픔과 상처를 주는 경우들이 있었다.

나는 그분의 말에 공감해 주면서, 우리 교회에서 사용하는 '다문화'라는 개념을 설명했다.

"'다문화 교회' 또는 '다인종 교회'라고 할 때, 보통은 하나의 인종, 민족, 국적, 언어, 문화가 지배적이지 않은 교회, 하나의 민족이 그 교회 구성원의 90%를 넘지 않는 교회를 뜻합니다. 저희 교회 구성원은 세계 각지에서 오신 분들인데요. 그중 한국과 필리핀 출신이 가장 많지만 어떤 민족이나 국가 그룹도 전체에서 50%를 넘지 않아요. 그래서 저희 교회에서는 예배나 모임, 사역을 오직 한국 문화의 방식으로만 진행하지도 않고, 필리핀이나 미국 등 외국 문화의 방식으로만 진행하지도 않고, 다양한 문화의 방식으로 하고 있어요.

따라서 저희가 말하는 '다문화'multicultural는 어떤 문화나 표현 방식을 가리키는 것이지 특정 그룹이나 사람을 가리키지 않아요. 우리 한국 사람도 다문화에 포함됩니다. 한국인들을 포함해서 우리를 '다문화 교회'라고 하지, 국제결혼 가정 또는 그 가정의 자녀들을 '다문화'라고 부르지는 않습니다. 다문화는 사람이 아니라 문화를 가리키는 표현이니까요."

다문화 이론 중에 '멜팅팟'melting pot(용광로)이라는 이론이 있다. 하나의 지배적인 언어, 지배적인 문화의 방식으로 모든 것을 통일시키는 사회 통합 방식이다. 그러나 우리 교회가 지향하는 다문화는 획일화된 공동체가 아니다. 오히려 '샐러드볼'salad bowl 또는 mixing bowl 이론에서 말하듯, 각 재료의 고유한 맛, 색, 향, 모양, 그리고 질감이 그대로 살아서 다채로운 맛과 멋을 만들어 내는 공동체다. 한국식으로 말하면, '비빔밥' 공동체다.

예수님은 유대인으로 태어나서 자라셨지만, 우리에게 유대인이 되라고 요구하지 않으셨다. 마찬가지로, 외국인이 한국에서 그리스도인이 되고 크리스천 공동체에 소속되기 위해 그의 고유의 언어와 문화를 포기하고 한국인처럼 되어야 할 필요는 없다. 각자의 차이를 서로 인정하고 존중하면 된다. 하나님이 우리를 만드신 모습, 우리에게 주신 민족적, 언어적, 문화적 조건 그대로 하나님을 예배하고 섬기면 된다. 하나님은 우리의 민족이나 문화, 언어를 통폐합하지 않으신다. 요한계시록 7장에 나오는 하나님 나라의 최종적인 비전에서도 각자의 인종, 국적, 민족, 언어, 문화적 정체성이 그대로 보존되고 유지된다.

그분은 내 설명을 다 들은 후 마음이 한결 편해졌다고 고백했다. 그리고 그 주일에 아내와 아이들을 데리고 우리 교회로 찾아왔다. 그들이 교회에 도착하자 필리핀 출신의 나리 자매님이 그의 필리핀 아내를 안아 주며 "집에 잘 왔어요!" 하면서 환영해 주었다. 그 둘은 처음 만나는 사이였지만 오래된 친구처럼, 마치 헤어졌다 다시 만난 가족처럼 서로 안고 눈물을 흘렸다. 외국 생활의 서러움과 외로움에서 나오는 눈물이었을까? 아니면 오랜 여행 끝에 집으로 돌아와 가족을 만나 흘리는 기쁨과 안도의 눈물이었을까? 아마도 둘 다에 해당되었을 것이다.

그 부부는 여기서는 자신들이 주목받지 않아도 되고, 지극히 평범하고 정상적인 가정으로 대해 주어서 너무 좋다고 했다. 한국인이라며 주인 행세하지 않고 외국인이라며 손님처럼 대접받지 않는 모습, 오히려 대부분의 사역과 봉사에 외국인들이 한국인들보다 더 적극적으로 참여하는 모습에 깊은 인상을 받았다며 우리 교회의 멤버가 되고 싶다고 했다. 자신들이 꿈꾸어 왔던 공동체를 결혼한 지 10년만에 드디어 찾았다며 감사해했다. 울고 웃는 그 가족을 보면서, 나는 우리 교회가 그저 이 도시 가운데 존재하는 것만으로도, 누군가에게는 특별한 은혜와 선물이 될 수 있음을 깨달았다.

이처럼 우리 교회는 어디에도 완전히 소속되지 못하는 이들을 위해 꼭 필요한 교회다. 한국어를 쓰는 한국인 교회에서도, 영어를 쓰는 외국인 교회에서도 진정한 소속감을 못 느끼는 이들을 위한 교회다. 언어적으로 문화적으로 이질적인 공동체에 소속되기 위해 엄청난 노력을 하지 않아도 되는, 그저 내 모습 그대로를 인정해 주고 환영해 주는 가족 같은 공동체다. 누구나 소속될 수 있고 누구나 환대와 용납을 받을 수 있는 이런 공동체가 우리 도시에 더 많이 필요하다.

07
교회가 제게는 유일한 가족이에요

요즘 젊은 세대들 중에는 결혼을 하지 않거나, 결혼식 없이 조용히 혼인 신고만 하고 같이 사는 경우가 많다고 한다. 왜 그럴까? '결혼은 곧 고생'이라는 인식도 있을 것이고, 편안함과 자유로움을 추구하려는 마음도 있을 것이다. 그리고 무엇보다 결혼을 준비하는 데 드는 비용이 만만치 않다는 현실적인 이유도 크리라.

코로나-19를 겪은 후 이러한 현상이 더욱 두드러지고 있다. 결혼식을 하더라도 예식장이나 예배당에서 하지 않고 가족끼리 소박하게 식사를 하며 식을 진행하는 스몰 웨딩이 유행이다. 이번에 우리 교회에서는 감사하게도 한국-필리핀 커플이 혼인 예배를 드리게 되었다. 사실 이 커플도 처음에는 혼인 신고만 간단히 하려고 했었다. 두 사람 다 두 번째 배우자와의 결혼이기도 했고, 결혼 준비 비용이 큰 부담이었기 때문이다.

하지만 나는 두 사람에게 우리 교회 예배당에서 결혼식을 하자고 설득했다. 결혼이란 단순히 두 사람 사이의 약속이 아니라, 하나님과 증인들 앞에서 맺는 언약 관계이고, 결혼은 두 사람만의 일이 아니라 교회 가족 공동체의 축제이므로 교회 가족들이 함께 축하할 기회를 달라고 요청했다. 대신 장소 사용, 장식, 주례, 축가, 음식 준비까지 결혼식 진행에 필요한 모든 비용은 교회가 부담하겠다고 제안했다.

진심이 통했는지 그들은 그렇게 하기로 결정했다. 우선, 결혼 전에 4주간 결혼 예비 학교를 열었다. 그 시간을 통해 두 사람은 자신들의 만남 가운데 함께한 하나님의 섭리를 발견했고, 첫 번째 결혼의 아픔 때문에 생긴 결혼에 대한 오해와 두려움의 문제를 해결할 수 있었다. 또한 성경적인 결혼의 의미를 배우며, 결혼이 무엇인지 다시금 깨달았다.

결혼 예비 학교의 핵심 메시지는 다음과 같았다. "예수님을 각자의 참배우자로 삼고 사랑의 우선순위에 두어야 배우자를 제대로 사랑할 수 있다." 두 사람은 하나님께 구해야 할 것을 서로에게 기대하지 않기로 결단하고, 예수님을 자신의 진정한 배우자로 영접하기로 다짐했다. 과거의 실수와 아픔을 되풀이하지 않고, 이제는 예수님을 가정의 중심에 모시고 살겠다며 내 앞에서 약속했다.

리더들과 상의한 끝에 결혼식 준비를 교회 식구들이 함께 진행하기로 했다. 식이 열리는 5층 예배실의 웨딩 장식은 내 아내가 꾸미고, 점심 식사는 교회 가족들이 각자 집에서 준비해 온 음식을 나누는 포틀럭 파티 형식으로 하기로 했다. 축가는 나와 제이슨 강도사가 준비했다. 교회 가족 모두가 십시일반 힘을 합쳐 잔치를 차근차근 준비해 갔다. 거기에, 결혼하는 두 사람이 헌금까지 해 준 덕에 장식과 음식이 더 풍성해졌다.

결혼식 당일, 웨딩홀로 변신한 워십홀을 본 필리핀 신부는 눈물을 흘리며 이렇게 말했다.

"이번 결혼이 제게는 두 번째이지만, 결혼식은 처음이에요. 사별한 전 남편과의 첫 번째 결혼 때는 예식을 하지 않았어요. 여기 한국에서는 결혼식에 참석할 가족도 없어요. 교회가 제 가족이에요. 가족이 되어 주어서 정말 고맙습니다."

나도 아내도 눈시울이 뜨거워졌다. 우리의 준비가 이토록 큰 위로가 될 줄은 몰랐다.

신랑의 가족들과 신부의 친구들도 교회에 감동과 감사를 표현해 주었다. 교회에 처음 방문해 보았다는 한 분은 새로운 경험이었다며 감탄했다.

"교회가 이런 것도 해 주는 줄 몰랐어요. 저는 경기도에서 살고 있는데, 집 근처에 이렇게 사랑이 넘치는 교회가 있다면 한번 다녀 보고 싶네요."

실제로 결혼식 다음 주에 예배까지 참석한 분도 있었다. 결혼식을 통해 단 한 사람이라도 더 복음을 들을 수 있고, 교회라는 가족 공동체의 따뜻함을 경험하게 된 것이 얼마나 감사한 일인지!

교회의 공간은 단순히 예배나 교육, 교제와 같은 교회 사역만을 위한 공간이 아니라, 결혼식, 돌잔치, 베이비 샤워, 브라이덜 샤워, 세미나, 스터디룸 등과 같이 다양한 필요를 위해 사용하는 공유 공간이 될 수 있다. 교회가 그 공간을 이웃들과 공유할 때 이는 복음 전도를 위한 다리 놓기가 될 수 있다.

오늘날 우리 교회들은 '교회 성장'을 넘어 '도시 성장'을 추구해야 한다. 복음에 적대적인 다원주의 시대 속에서는 도시의 자원을 사용해서 교회의 성장을 추구하는 교회가 아니라, 교회의 자원을 사용해서 이웃과 도시의 성장을 돕는 교회가 필요하다. 지역과 도시를 잘 섬김으로써, 그동안 사람들이 교회에 대해 가지고 있던 오해와 편견을 없애 주는 교회, 그래서 교회에 숨겨져 있는 기쁨과 소망의 이유에 대해 더 궁금하게 하는 교회, 언젠가 교회가 다른 곳으로 이사를 간다고 할 때 이웃들이 더 아쉬워하는 그런 교회가 우리 도시 안에 많이 필요하다. 그렇게 할 때 복음은 열매를 맺고, 하나님의 나라는 우리 도시 안에서 더 확장될 것이다.

08
목사님 설교 들으러 오는 게 아니에요

울산교회에서 영어 예배부를 맡고 있었던 2018년으로 기억한다. 그 시절, 나는 내 설교가 과연 외국인 성도들의 마음에 와닿고 있는지, 내가 그들의 문화와 정서를 제대로 이해하면서 사역하고 있는지 알 수 없어서 고민이 많았다. 그들의 삶에 영향을 끼치는 설교를 하고 싶었지만, 영어 실력도 부족하고 그들과의 문화적 간극도 크게 느껴졌다. 이 고민을 미국인 애런 형제님에게 솔직히 털어놓았는데 그는 잠시 생각하더니 뜻밖의 말을 했다.

"목사님, 제가 왜 교회에 오는지 아세요? 사실, 저는 목사님 설교를 들으러 오는 게 아니에요. 형제자매들과 함께 시간을 보내려고 교회에 와요. 좋은 설교는 인터넷에도 많잖아요. 하지만 교회 가족들을 만나는 건 교회에 와야만 할 수 있거든요. 그러니까 목사님, 설교에 대해 너무 걱정하지 마세요."

나는 한 방 맞은 것처럼 당황스러웠다. 설교는 목회자의 가장 중요한 사역이며 예배 때 가장 중요한 순서라고 생각했던 내게, 그 말은 새로운 깨달음을 던져 주었다. 나는 성도들이 설교를 듣고 은혜를 받기 위해 교회에 오는 것이라고 여겼다. 하지만 애런 형제님의 말은 교회가 단순히 가르침을 듣는 장소가 아니라, 함께 시간을 보내고 관계를 나누는 가족 공동체라는 것을 다시 상기시켜 주었다.

한국인 성도들은 목회자와의 개인적인 관계보다 설교의 질을 더 중요하게 여기는 경향이 있다. 어떤 교회를 다닐지 결정할 때도 목회자의 설교를 가장 중요하게 고려한다. 그러나 이주민 성도들은 다르다. 그들에게는 설교보다는 목회자와의 관계 형성이 먼저이고, 개인적인 신뢰 관계가 형성된 후에야 마음을 열어 설교에 귀 기울이고, 교회 활동에 참여하는 경우가 많다.

나는 이주민 사역의 본질이 관계에 있음을 깨달았다. 그들과 신뢰를 쌓는 데는 오랜 시간이 필요했다. 주일 예배뿐 아니라 주중에도 그들과 만나 시간을 보내고 말씀을 가르쳤던 나조차도 그들에게 '우리 목사님'으로 받아들여지기까지는 3년이 넘게 걸렸다. 때로는 신뢰가 충분히 형성되지 않은 상태에서 섣불리 어떤 일을 하려고 했다가 상처를 준 적도 있었다. 이주민 사역의 핵심은 첫째도 관계, 둘째도 관계, 셋째도 관계였다. 일이나 사역을 하기에 앞서서, 신뢰 관계가 먼저 형성되어야 했다.

한국인 성도들은 일 중심적이고 결과 지향적인 성향이 강하다. 어떤 사람들은 정말이지 일을 위해 태어난 사람들 같기도 하다. 매사에 부지런하고 성실하고 열정적이다. 대충하는 법이 없다. 책임감과 주인 의식도 남달리 강하다. 해결해야 할 공동의 과제가 있으면 모른 척하지 않고 발 벗고 나선다. 남을 도와주거나 문제를 해결해 주는 것에 있어서는 단연 최고다. 교회를 위해 일할 때 큰 기쁨과 보람을 느끼는 것 같다.

한국인 성도 중 몇몇은 교회에서 딱히 해야 할 일이나 역할이 없을 때, 가만히 앉아서 시간을 보내고 대화를 나누며 교제하는 것을 어려워했다. 심지어는 교회 내에 봉사할 일이 없으면 자신이 쓸모 없는 존재가 된 것 같다고 고백한 성도도 있었다. 이주민들과 함께하는 시간을 더 늘리고, 서로 더 깊이 알아 가면서 천천히 개인적인 관계를 형성해 보라는 내 권면을 무척 힘들어했다. 어떤 이들은 관계를 맺는 그 일조차도 완수해야 할 어떤 일을 해치우듯이 하려고 접근하기도 한다.

왜 그럴까? 우리의 존재 가치와 중요성을, 그리고 우리의 정체성을 '일'과 '사역'의 기초에 올려 놓고 판단하고 있기 때문일 것이다. 우리는 학교에서는 우수한 성적과 수상 경력이, 회사에서는 업무 실적과 성과가 곧 나 자신을 대변한다고 생각한다. 일을 많이, 빨리 하는 사람은 더 능력 있고 더 소중한 존재이며, 할 일이 없거나 일을 제대로 못 하는 사람은 가치가 덜한 사람이라고 평가하는 사회적 분위기도 이러한 생각을 하게 하는 데 한몫한다. 사실, 교회 안에서도 봉사와 사역을 많이 하는 사람들을 더 인정해 주는 일 중심, 행위 중심적인 분위기가 자리 잡고 있다.

그렇다면 우리 주님의 관심은 어디에 있을까? 그분이 우리를 부르신 것은 전도와 선교 같은 일만을 위해서였을까? 주님과 친밀한 관계는 맺지 않으면서 그저 열심히 사역하고 일하기만 하면 기뻐하실까? 아니다. 주님은 언제나 사역보다 관계를 우선하셨다. 예수님이 제자들을 부르신 것도 먼저는 그들과 함께 시간을 보내시기 위해서였다(막 3:14). 아무리 "주여 주여"라고 부르며 주님을 위해 많은 사역을 감당한 사람이라도 주님은 그들을 모른다 하실 수도 있다고 경고하셨다(마 7:22-23).

예수님이 마르다와 마리아의 집을 방문하셨을 때를 살펴보자. 마르다는 주님을 섬기는 일로 분주했고, 마리아는 주님의 발치에 앉아 말씀을 들었다. 마르다가 자신을 돕지 않는 동생을 책망해 달라고 주님께 요청했지만, 주님의 응답은 예상과 달랐다. "마르다야 마르다야 네가 많은 일로 염려하고 근심하나 몇 가지만 하든지 혹은 한 가지만이라도 족하니라but one thing is necessary 마리아는 이 좋은 편the good portion을 택하였으니 빼앗기지 아니하리라"(눅 10:41-42).

예수님은 지금 마르다에게 네가 틀렸다고 말씀하시는 것이 아니다. 누군가는 손님을 맞이해야 했기에 마르다는 분명 칭찬받을 일을 하고 있었다. 그러나 예수님은 동생 마리아가 비난과 책망받을 일을 한 것이 아니라 오히려 필요하고 좋은 necessary and good 편을 택했다고 인정해 주셨던 것이다. 그 필요하고 좋은 편은 그분의 발치에 앉아 그분의 말씀을 들으며 그분과 시간을 보내고 관계를 맺는 것이다.

주님의 말씀은 결코 사역이나 봉사가 중요하지 않다는 뜻이 아니다. 그분과의 관계가 그분을 위한 일보다 덜 가치 있지 않다는 뜻이었다. 주님과의 깊고 친밀한 관계를 소중히 여기는 사람은 가장 좋은 것을 택한 것이며, 그는 누구에게도 빼앗길 수 없는 기쁨을 누린다는 뜻이었다. 즉, 우선순위에 대해 말씀하신 것이다.

물론 우리 교회 공동체에는 마르다 같은 사람도, 마리아 같은 사람도 필요하다. 둘 다 소중하고 둘 다 필요하다. 그러나 꼭 필요하고 더 좋은 한 가지는 바로 관계다. 주님과의 관계이며, 주님을 머리로 하는 몸의 지체들과의 관계다. 다문화 사역에 있어서는 언제나 일보다는 관계가 먼저다. 관계를 건너뛰고 일을 시작할 수는 없다. 주님을 위해 우리가 하는 어떤 일도, 주님과 함께하고 서로와 함께하는 우리의 관계보다 중요할 수 없다.

관계보다 일을 더 중요하게 여기는 사람 중 일부는 일이 뜻대로 진행되지 않으면 다른 성도들과의 관계를 정리하거나, 심지어는 주님과의 관계까지 중단하기도 한다. 또 같이 일을 진행했던 이들에게 화를 내거나 비방하고 공격하며 상처를 주기도 한다. 본질을 놓치는 매우 위험한 태도. 관계의 소중함을 아는 사람은 때로 아무리 일의 결과가 좋지 않고 일이 뜻대로 진행되지 않아도 타인을 비방하고 공격하거나 소중한 관계를 포기하지는 않는다. 일보다 사람이 더 소중하기 때문이다. 그는 주님과 타인을 위해 기쁨으로 일한다. 일의 동기가 달라지는 것이다.

나도 일 중심적이고 결과 지향적인 성향이 강해서, 빨리 결과를 만들어 내고 싶은 마음에 소중한 관계나 과정을 가볍게 여길 때가 가끔 있었다. 하지만 애런 형제님을 통해서, 또 우리 제이슨 강도사님과 영어 멤버들을 통해서 관계의 소중함을, 관계를 맺기 위한 고귀한 시간 낭비의 가치를 배워 가고 있다.

이주민이 한국인에게서 배워야 할 것들도 많지만, 한국인이 이주민에게서 배워야 할 것들도 참 많다. 우리 도시에 들어온 이주민들은 한국인들이 놓치고 있던 소중한 가치와 문화를 가르쳐 주는 일종의 문화 교사들이다. 한국 교회의 성도들은 이주민 성도들을 통해서 정말 우리가 붙들어야 할 성경적이고 복음적인 가치들을 배워 가면 좋겠다. 주님을 위해 바쁘게 일하는 것을 잠시 멈추고, 주님과 그분이 사랑하신 교회 가족들과 친밀한 관계를 맺기 위해 노력해 보면 어떨까?

아프리카 속담처럼, "혼자 가면 빨리 갈 수 있지만, 함께 가면 더 멀리 갈 수 있다." 우리와 다른 문화를 가진 이주민들과 함께 천천히 걸어 갈 때, 우리는 그동안 놓쳤던 소중한 가치들을 깨닫게 될 것이다. 이주민과 함께하는 다문화 교회는 그러한 복음적인 가치들을 몸에 익히기 위한 매우 좋은 훈련 학교가 될 수 있다.

09
아이를 키우는 데는 온 마을이 필요하다

내가 처음 이주민 선교를 시작했을 당시 우리나라에 들어온 대부분의 이주민은 근로자들이었다. 교회에서는 그들이 근로 현장에서 겪는 불이익이나 좋지 않은 환경 즉, 임금 체불, 산업 재해, 차별, 폭력, 이직과 퇴직금 문제 등을 해결해 주는 데 힘을 쏟았다. 그러나 시간이 흘러 국제결혼 가정이 점차 늘어나고 그들의 자녀들이 성인이 되자 이제는 이주민 돌봄이 그들의 삶 전반, 즉 요람에서 무덤까지로 확장되었다.

최근 우리 교회에서 일어나는 두드러진 변화 중 하나는 국제결혼 가정과 그 자녀들의 증가다. 아이들과 주일에 세대 통합 예배를 같이 드리는데 매주 그들의 육과 영이 성장한 모습을 볼 때마다 경이롭다. 마치 온 교회가 하나의 커다란 확대 가족이 된 듯하다.

우리 교회에서 가장 눈에 띄는 가족은 '정정정정정'(정무, 정우, 정수, 정구, 정주), 이른바 '독수리 오 형제' 가족이다. 한국인 아빠인 윤재현님과 필리핀 출신 엄마인 아리안 자매님의 가정에는 이렇게 다섯 명의 아들이 있다. 다섯 아이 모두 개성이 강하고 에너지가 넘친다.

그 가족의 이야기는 늘 흥미진진하다. 한번은 첫째 정무가 눈가를 꿰맨 채로 교회에 왔다. 둘째 정우가 다윗과 골리앗 놀이를 한다며 형에게 돌을 던져서 눈가가 찢어졌다고 했다. 윤재현님은 한 주도 그냥 조용히 지나가는 법이 없다고 했다. 한 명만 감기에 걸려도 순식간에 온 가족이 아프기도 하고, 가전제품이며 가구도 성할 날이 없단다. 아이들이 아파서 교회에 나오지 않을 때면 다들 오 형제를 보고 싶어 했고, 온 가족이 출동한 날에는 교회에 활기와 웃음이 가득 찼다.

얼마 전, 다섯째 정주의 유아 세례에 앞서 엄마 아빠가 먼저 교육을 받았다. 다섯 번째 교육이라 서로 익숙해질 법도 하지만 매번 새로운 감동이 있다. 이번에도 유아 세례의 신학적 의미를 나누고, 복음 중심적으로 자녀를 양육하는 방법에 대해 대화했다.

유아 세례식 날, 아리안 자매님은 어머니로서의 신앙 고백과 결단을 선포했다. 자신에게는 자녀를 양육할 때 필요한 인내와 용기, 지혜와 능력이 없으므로 우리의 구원자 되시는 그리스도를 철저히 의지하고, 또 자녀를 부모의 소유물로 여기지 않고 우리의 주인 되시는 하나님의 대리자이자 청지기가 되어 자녀를 신앙으로 양육하겠다고 공동체 앞에서 고백했다. 그 고백은 교회 가족 모두에게 깊은 울림과 감동을 주었다. 우리 공동체는 그날 함께 울고 함께 웃으며 특별한 시간을 보냈다.

또 아리안 자매님은 "한 아이를 키우려면 온 마을이 필요하다"는 속담을 언급하며, 우리 교회가 자신의 자녀들에게 그러한 마을 공동체가 되어 주어서 고맙다는 말도 덧붙였다. 정말 그러했다. 우리 교회는 작은 마을 공동체 같고 대가족 공동체 같다. 우리 교회에 처음 오시는 분들은 자녀와 부모를 연결시키기를 어려워한다. 이 아이의 친부모가 누구인지, 이 부모의 친자식은 누구인지 분간을 잘 못한다. 아리안 자매님의 셋째는 나리 이모를 잘 따르고, 넷째는 교회만 오면 내 아내의 무릎 위에 자연스럽게 앉는다. 이렇게 이모들과 삼촌들이 함께 아이들을 키우고 있다.

한번은 우리 집 셋째인 로건이를 보고 어떤 분이 "저 다문화 아이 참 예쁘네요"라고 말한 적도 있었다. 로건이는 피부가 까무잡잡하고 쌍꺼풀이 진해서 국제결혼 가정의 아이처럼 보인다고 우리 부부도 웃으며 가끔 이야기하곤 했었다.

또 다른 에피소드로는, 캐나다인-한국인 젊은 부부가 오 형제 중 셋째를 자주 안고 다녔더니, 사람들이 그 부부의 친자식으로 착각한 적도 여러 번 있었다. 하지만 이는 별로 중요하지 않다. 우리 교회 안에서는 모두가 아이들의 엄마이고 아빠이며, 이모이자 삼촌이다.

아이들과 함께 매주 예배를 드리면 아이들이 주마다, 달마다, 해마다 지혜와 키가 점점 자라 가는 것을 볼 수 있다. "교회가 성장하는 중이다, 교회가 크고 있다"라는 말이 문자 그대로 실감이 난다. 아이들이 부모와 떨어져 따로 예배를 드리는 중대형 교회에서는 잘 느낄 수 없는 부분일 것이다.

그렇다. 성경이 말하는 교회는 한마디로 가족 공동체다. 교회는 예수 그리스도의 피로 맺어져 한 아버지를 두고 서로를 형제자매라고 부르는 대가족이다. 또한 혈통이나 지연, 국적이나 인종, 문화, 신분, 출신 등 모든 인간적인 유대를 초월한 우주적 공동체다. 적어도 다문화 교회에서는 이것이 막연한 이론이 아니라 매주 경험하는 실재이고 삶이며 현실이다.

지난 140여 년 한국 교회의 역사 속에서 우리는 이런 것들을 이론으로만 배웠지 실제적으로 경험하기는 어려웠다. 거의 모든 교회가 단일 민족, 단일 언어, 단일 문화로만 구성되어 있었기 때문이다. 이제는 우리 곁으로 들어온 이주민들

덕분에, 또 그들이 교회 안에서 우리와 동일한 권속이자 시민이 되었기 때문에, 한국에서도 성경적 교회의 부요함과 아름다움을 경험할 수 있게 되었다.

10
환대하고 용납하는 아둘람 공동체

　내가 다문화 교회를 개척한다고 하자 고려신학대학원의 김성운 교수님은 우리 교회가 '아둘람 공동체'와 같은 교회가 되기를 축복해 주셨다. 사무엘상에서는 아둘람 공동체를 이렇게 소개한다. "그러므로 다윗이 그곳을 떠나 아둘람 굴로 도망하매 그의 형제와 아버지의 온 집이 듣고 그리로 내려가서 그에게 이르렀고 환난 당한 모든 자와 빚진 모든 자와 마음이 원통한 자가 다 그에게로 모였고 그는 그들의 우두머리가 되었는데 그와 함께 한 자가 사백 명 가량이었더라"(삼상 22:1-2).

　다윗이 사울 왕을 피해 광야로 도망다닐 때 수많은 사람이 다윗에게로 몰려들었다. 환난을 당하고, 빚을 지고, 마음이 원

통한 이들 즉, 갈 곳 없고 외로운 이들이 다윗을 찾아왔다. 오늘날의 말로 하면 다들 비주류였으며 '아웃사이더'였다.

나는 닥쳐올 미래를 알지 못한 채(?), 시티센터교회가 아둘람 공동체와 같은 공동체가 되기를 믿음으로 선포했다. 소속될 곳이 없는 외국인들과 나그네들, 기존 교회에서 떨어져 나온 가나안 성도들, 상처 받고 방황하는 이들이 왔을 때 환대해 주고 품어 주는 공동체가 되기를 소원했다. 그 어떤 이들이라도 우리 교회에 보내 주시기만 하면 내가 확신하는 복음의 능력으로 다 품고 사랑하겠노라고 다짐했다.

하지만 현실은 그렇게 녹록하지 않았다. 외국인들뿐만 아니라, 너무나 외롭고 상처 많은 한국인들이 우리 교회로 찾아왔다. 부모에게 받은 상처를 주변 사람들에게 고스란히 전달하고 있는 사람들, 10대 때 아기를 낳은 미혼모들, 이혼의 아픔을 겪은 뒤 기존 교회에서 계속 정죄를 받아 죄책감에 시달리는 사람들, 교회의 질서와 분위기가 불편해서 적응을 못하는 이들, 권위적인 리더십으로부터 벗어나고 싶은 이들이 우리 교회로 모여들었다.

처음에는 한국인들보다 외국인들이 훨씬 더 많았다. 그들은 상대의 나이나 출신, 직업, 사는 곳 등을 잘 묻지 않는 문화 속에서 자라 왔기에 교회에서도 한참 대화를 나눈 뒤에 이름조차 묻지 않고 헤어지기도 했다. 한국인 성도들은 "여러 교회를 다녀 봤지만, 여기처럼 신상 정보를 묻지 않는 곳은 처음이에요"라며 신선하다는 반응을 보였다.

그렇게 시간이 흘러, 그들이 시티센터교회를 자신들의 교회로 여기고 여기에 소속되고 싶은 마음이 들자 자신들의 아픈 과거를 조심스럽게 나누기 시작했다. 어디에서도, 누구에게도 할 수 없던 이야기들을 용기 내어 나누었다. 그들에게는 이곳이 제일 안전한 공간이었다. 복음이 중심이 된 용납과 환대의 문화가 그들의 꽁꽁 닫힌 마음을 열게 한 것이리라.

특히 우리 교회의 '원 띵'One Thing 시간은 그런 나눔을 더욱 깊게 만들어 주었다. 이 시간에는 언어별 소그룹으로 모여 설교를 듣고 깨달은 점이나 적용할 부분을 한 가지씩 나눈다. 죄와 실패를 고백하고, 의심스럽거나 잘 모르는 부분에 대해 질문도 한다. 개인의 고백과 질문을 들으며 "실패해도 괜찮아요", "우리도 똑같아요"라는 격려와 위로의 말들이 자연스럽게 오간다. 성도들 사이의 격려가 때로는 목회자의 설교보다 더 깊은 위로가 된다. 이러한 시간들이 쌓여, 우리 교회는 외로운 이들이 소속감을 얻고 실패한 이들이 새 힘을 얻는 공동체가 되었다.

이 모임을 보고 있으면 드라마 "나의 아저씨"의 한 대사가 떠오른다. "인간은요. 평생을 망가질까 봐 두려워하면서 살아요. 전 그랬던 거 같아요. 처음엔 감독님이 망해서 정말 좋았는데 망한 감독님이 아무렇지 않아 보여서 더 좋았어요.

망해도 괜찮은 거구나. 아무것도 아니었구나. 망가져도 행복할 수 있구나. 안심이 됐어요. 이 동네도 망가진 거 같고, 사람들도 다 망가진 거 같은데, 전혀 불행해 보이지가 않아요. 절대로. 그래서 좋아요. 날 안심시켜 줘서."

실패해서 밑바닥까지 내려간 사람들의 모임이지만 오히려 행복하게 살아가는 모습에 안심이 되고 위로가 된다는 고백이다. 한 한국인 성도는 우리 교회에 다니면서 받은 인상을 이렇게 표현했다. "저보다 형편이 더 어려워 보이는 외국인들이 교회에서 밝게 웃으며 행복해하는 모습이 제게는 충격이었어요. 한국 교회에서는 결코 볼 수 없는 표정이었거든요. 뭐가 저렇게도 좋을까 싶었어요. 그들을 보면서 '행복의 조건을 갖추지 못해도 충분히 행복할 수 있구나, 그래도 괜찮구나, 저렇게 웃을 수 있구나'라는 생각이 들었어요."

바로 우리 교회의 예배 시간이, 그리고 예배 후에 모이는 원 띵 시간이 서로에게 안심이 되고 위안을 주는 시간이다. 실패와 아픔을 털어놓아도 걱정이 되지 않는 시간, 실패해도 괜찮고 망해도 괜찮다고, 별일 아니라고 다독여 주는 시간, 쉴 곳 없던 마음이 비로소 쉼을 얻을 수 있는 시간이다.

돌이켜 보면, 나 역시 목회를 하면서 좌절과 실패를 여러 번 경험했다. 부족한 나 자신이 너무나 부끄럽고 한심해서 자책한 적도 많았다. 그러나 그럴 때마다 우리 교회 성도님들이 나를 위로해 주었다. 다양한 국적의 성도님들이 문자로, 전화로, 직접 찾아와서 나를 격려해 주었다.

"목사님이 우리 목사님이어서 좋아요!"

"목사님 덕분에 복음을 깨닫게 되었어요. 목사님, 고마워요."

"우리 모두 목사님을 신뢰하고 사랑해요. 목사님, 괜찮아요. 잘하고 있어요."

교회 가족들의 한결같은 신뢰와 사랑 덕분에 나는 다시 일어설 수 있었다. 그리고 이 아둘람 공동체는 내가 다른 누군가를 위해 세운 것이 아니라, 하나님이 나를 위해 세우신 곳이었음을 깨달았다. 나를 포함한 모두가 어떤 의미에서는 환난을 당한 자이고 빚진 자이며 마음이 원통한 자들이다. 우리에게는 이 공동체가 필요하다.

우리는 이미 무조건적으로 하나님께 환대와 용납과 인정을 받았다. 우리의 자격이나 실력이 아닌, 예수 그리스도의 은혜와 공로로 하나님께 받았다. 우리가 이렇게 은혜받은 것을 기억하고 감사할 때, 우리도 다른 누군가에게 은혜를 흘려 보낼 수 있다. 그리스도께 받은 무조건적인 환대와 용납을 기억할 때, 외롭고 지친 이들에게 마음과 영혼의 쉼을 주는 진정한 환대와 용납의 공동체로 거듭날 수 있다.

성도들의 고백 1

조이 자매_캐나다 | 원어민 교사

하나님의 크고 놀라우신 계획

여러분, 안녕하세요. 저는 지금, 하나님께서 한국에서의 삶 속에서 어떻게 일하셨는지를 나누려고 합니다. 비록 쉽지 않은 여정이었지만, 저는 한국 생활 내내 하나님의 신실하심을 느꼈어요. 한국 생활을 소개하기 전에 저에 대해 짧게 말씀드릴게요. 저는 필리핀 기준으로 보면 전형적인 대가족 형태에서 성장했어요. 언니가 셋, 남동생이 한 명 있고요. 제가 필리핀에서 태어난 지 한 달 만에 가족 전체가 캐나다로 이주했어요. 아버지가 밴쿠버에 있는 필리핀인 교회 목사로 청빙을 받으셨거든요.

저는 초등학교 영어 교사가 되기 위해 2015년 8월 울산으로 이사를 왔어요. 원래는 1년만 살려고 했는데 하나님은 더 좋은 계획을 가지고 계셨어요. 6년 동안 울산에 살면서 많은 어려움을 겪었지만, 그 어려움을 통해 한 인간으로서 성장할 수 있었을 뿐만 아니라 하나님과 더 가까워질 수 있었어요. 오늘 저는 하나님께서 제 삶에서 어떻게 일하셨는지에 대한 간증으로 이러한 어려움 중 일부를 여러분과 나누고자 합니다. 특히 두 가지 어려움이 있었는데요. 바로 건강과 외로움입니다.

저는 한국에 오기 전에는 꽤 건강한 편이었어요. 남편인 원철 씨에게 이런 얘기를 하면 믿지 않더라고요. 캐나다에서 살면서 응급실과 병원을 찾은 횟수보다 한국에 들어와서 병원에 간 횟수가 더 많을 정도였어요. 빡빡한 업무 스케줄 때문에 쉴 시간이 거의 없었고, 체력적으로도 한계가 느껴졌어요. 매일 극도로 지쳐 있었고 불안했어요. 그러다 '갑상선 기능 항진증' 진단을 받게 되었어요. 그리 심하지는 않았지만 제 피로와 불안감이 이 병 때문이었다는 말을 들었어요. 약을 복용하기 시작하자 단기간에 체중이 급격하게 늘었어요. 이미 관절과 인대 문제로 고생하고 있었기에 얼마나 낙담이 되었는지 몰라요.

진단을 받았던 해에 저는 제 인생 계획의 일부였던 대

학원에 지원하기로 결심했습니다. 하지만 합격하지 못했어요. 무력감과 절망감이 막 밀려왔어요. 제 뜻대로 되는 게 하나도 없었죠. 하지만 하나님은 가족, 공동체, 친구들을 통해 저를 격려해 주셨고 저를 위한 다른 계획이 있음을 보여 주셨습니다. 하나님은 저에게 쉬라고 하셨어요. 몸과 마음이 약해진 그때에 저는 하나님의 강함을 볼 수 있었습니다.

살던 곳을 떠나 다른 나라로 이주하면 외로움과 고립감을 느낄 수밖에 없는데요. 저 역시 한국에서의 첫 6개월은 정말 힘들었어요. 대가족 환경에서 자랐기에 외로움을 느껴 본 적이 거의 없어서, 혼자 지내는 생활이 너무 낯설었어요. 가족이 너무 그리웠고 문화 충격도 심했죠. 저녁으로 맥도날드 햄버거나 돼지국밥을 혼자 쓸쓸히 먹고 나서, 하나님께 친구를 만들어 달라고 기도했던 기억이 납니다. 가끔은 왜 나에게 친구가 없느냐고 화를 내기도 했어요.

그러던 어느 날 하나님께로부터 "네가 친구와 교제하기 원한다면 먼저 친구가 되는 법을 배워야 한다"는 답을 분명히 들었습니다. 그래서 최근에 만난 영어 원어민 선생님에게 '어떻게 지내요?' 하고 간단하게 안부를 묻는 문자를 보냈는데, 글쎄 기나긴 답장이 왔어요. 그녀 역시 친구가 필요했던 거예요. 그 무렵, 그레이시 선생님이 울산교회 영어 예배에 저를 초대해 주셨어요. 정기적으로 다니기까지는 시간이 좀 걸렸지만 교회 활동과 예배에 점점 더 많이 참여하게 되면서 울산교회 사람들이 제 친구가 되어 주었어요. 느리지만 확실하게 하나님은 저에게 친구들을 주셨어요. 하나님의 은혜로, 저를 지지하고 응원해 줄 수 있는 친구들로 이루어진 공동체를 만날 수 있었어요. 이 경험을 통해 저는 하나님께서 우리의 기도에 정말로 응답하신다는 것을 지식으로만 아는 것이 아니라 가슴으로도 깨달았어요. 그분은 이 공동체를 통해 저를 위로해 주시고 지혜를 나누어 주셨어요. 저는 정직과 진실한 노력의 가치를 배웠고, 이러한 자질은 제가 친밀한 관계에서 추구하는 기준이 되었습니다.

2017년 말경, 저는 제 주변 사람들에게 정직과 노력을 기대하려면 저 자신에게도 책임을 져야 한다는 것을 깨달았어요. 그래서 먼저 하나님과의 관계에서 제가 정직하고 진정으로 노력하고 있는지 스스로에게 물었죠. 대답은 '아니오'였어요. 제 마음은 그 관계에 있지 않았고 저는 하나님께 불순종하고 있었어요. 제 모든 것을 하나님께 드리거나 아니면 아예 하나님을 떠나거나 둘 중 하나를 선택해야 했어요. 그래서 저는 온 마음을 다해 하나님을 따르기로 했어요. 그 첫 번째 시도로, 몇 년 동안 세례받는 것을 미루고 있었는데, 2018년 1월에 밴쿠버에 있는 고향 교회에서 세례를 받았어요. 저는 제 삶을 하나님께 바치기로 결단했고, 그분이 제 앞에 놓으신 길을 따르겠다고 다짐했습니다.

울산에서 3년 차가 되었을 때, 저는 울산 생활에 편안함을 느꼈어요. 하지만 몇 달 후, 저는 거의 6년간 우리랑 함께 살았던, 가족과도 같았던 아이랑 헤어져야 했어요. 많은 분이 제 어머니가 아이들을 위탁받아 양육하는 일을 하신다는 것을 알고 계실 거예요. 한국에 오기 전에 저는 어머니의 일을 돕고 있었어요. 부모가 돌볼 수 없는 아이들이 일시적으로 저희 가족과 함께 살게 되죠. 이 아이들 중 한 명이 '자비에'라는 아이였어요. 자비에는 생후 8개월부터 우리와 함께 살기 시작했어요. 친척집에 가서 살기 위해 떠났을 때는 6살이었죠. 저랑은 3년을 같이 살았고, 제가 한국에 와서는 3년간 매일 영상으로 연락을 하며 지냈어요. 아이가 떠날 수 있어서 다행이었지만 이별을 받아들이는 일은 매우 힘들었어요. 그 아이는 저에게 정말 아들 같았거든요. 아이가 떠나기로 결정된 후 몇 달간 저는 너무나 우울했어요. 그 힘들었던 시기에 원철 씨를 만났어요. 그를 만나기 전에는 결혼할 계획이 전혀 없었어요. 평생 독신으로 살고 싶었거든요. 하지만 하나님의 계획은 달랐던 것 같아요.

그해 말, 저는 시티센터교회의 개척의 일원이 되는 특권을 누리게 되었어요. 한국에서 교회에 다니리라고는 생각도 안 했는데 지금은 이 교회가 없는 제 삶은 상상하기 어려워요. 하나님은 정말 놀라우세요. 누군가 저에게 한국에 왜 이렇게 오래 머물렀냐고 묻는다면 이 시티센터교회가 있었기 때문이라고 대답할 거에요. 최근 몇몇 부모님에게 그들의 자녀들이 원철 씨와 저를 위해 기도했다는 말을 듣고 큰 감동을 받았어요. 이 공동체의 일원이 되어, 아이가 태어나서 기도하는 사람으로 자라는 것을 보고, 함께 삶을 나누고, 그리스도 안에서 함께 성장할 수 있다는 것이 얼마나 큰 축복인지 몰라요.

하나님은 저에게 정말 멋진 삶을 주셨어요. 한국에서의 삶을 되돌아보면 그리스도 안에 있기 때문에 어떤 상황에서도 참된 소망과 평안을 가지고 살 수 있었음을 알 수 있어요. 제 인생의 어느 위치이든지 저는 항상 하나님의 은혜 안에 거하고 있을 거예요.

성도들의 고백 2

제이슨 강도사 _ 필리핀 | 이주 근로자, 유학생, 사역자

목적이 이끄는 삶

제 남동생이 1살이 되기 전, 처음으로 발작을 일으켰을 때가 생생하게 기억납니다. 당시 저는 10살 정도였는데, 집안 형편이 어려워 어머니는 동생을 좋은 병원에 보내 치료를 받게 할 수 없었죠. 가정의 장남이던 저는 18살이 되면 동생의 치료비를 벌기 위해 해외에서 일하기로 결심했습니다. 오랜 기간 준비를 해서 한국 회사에 합격한 후, 드디어 2007년 2월 한국으로 날아왔습니다.

울산의 현대하이스코에 다니면서 정말 열심히 일하고 최대한 저축을 많이 했습니다. 일요일에 천주교 성당에 갈 때만 돈을 썼어요. 정기적으로 다니다 보니 신부님의 도우

미가 되었죠. 제 헌신과 노력 덕분에 동생을 필리핀의 유명한 병원에 보낼 수 있을 만큼의 돈을 모았습니다.

저는 너무 신이 나서 어머니에게 전화해서 동생을 데리고 병원에 가라고 말씀드렸어요. 하지만 동생은 치료받기에는 이미 늦었다고 하더군요. 세상이 무너져 내리는 것 같았습니다. 삶의 목적이 없어지자 그동안 모아 둔 돈은 쓸모가 없었습니다.

삶의 목적과 의미가 없어진 저는 방황하기 시작했습니다. 내일이 없는 것처럼 담배를 피우고 술을 마셔 댔고, 술집과 클럽에 가서 여자들과도 술을 마셨어요. 3주 동안 매일 술을 마신 적도 있었어요. 그렇게 살다 보니 간이 제 기능을 하지 못해 피부색이 노랗게 변해 갔습니다.

한번은 침대에 누워 있다가 문득 제 삶에 대해 생각해 보게 되었습니다. 예전의 나와 지금의 나는 누구인가? 돈이 있기 때문에 하고 싶은 것도 할 수 있고, 사고 싶은 것도 살 수 있지만 마음속은 공허했습니다. 인생의 목적을 찾기 전까지는 성당에 가지 않기로 결정했습니다.

그 기간에, 제 동료였던 두 명의 필리핀 기독교인들의 구별된 삶이 눈에 들어왔어요. 그들에게도 여러 어려운 상황이 있었지만 그들은 항상 행복해 보였어요. 그들처럼 살고 싶었어요. 제가 먼저 다가가 그들과 친구가 되었어요. 우리는 근처에서 영어로 예배를 드리는 개신교 교회를 찾아보았지만 안타깝게도 찾지 못했습니다.

2010년 5월 어느 주일 오후, 문화회관에서 농구를 하던 중에 야외 예배를 드리러 온 울산교회 영어 예배부와 우연히 만났습니다. 우리는 그들의 초대를 받아 그다음 주부터 교회에 출석하기 시작했어요. 우리의 오랜 기도가 응답된 것입니다. 저는 매주 교회에 나가서 예배를 드렸고, 성경도 사서 읽었습니다. 요한복음 9장에 나오는, 날 때부터 맹인 된 사람에 대한 내용을 읽으며 얼마나 울었는지 몰라요. 제자들이 예수님에게 이 맹인과 부모 중 누가 죄를 지었기에 그가 맹인으로 태어났는지 묻자 예수님은 누구의 죄 때문이 아니라, 그에게 하나님의 영광을 드러내고자 하심이라고 대답하셨습니다.

저는 제 동생이 왜 그렇게 고통을 겪어야 하는지 너무나 알고 싶었는데 그 답을 예수님이 해 주신 겁니다. 또 제 육체는 건강하고 정상적이었지만 영적으로는 죽어 가고 있음을 깨달았습니다. 저는 정말 많이 울면서 하나님께 제 죄를 용서해 달라고 간구했고, 예수 그리스도를 나의 구원자와 주님으로 영접했습니다.

동생이 왜 아파야 하는지 그 이유를 찾는 일이 저에게는 오랫동안 고통거리였습니다. 이제는 동생의 고통 속에서, 선하신 하나님의 목적, 즉 구원 계획을 발견할 수 있었습니다. 동생의 고통 때문에 저는 한국에 오게 되었고, 결과적으로 구원받을 수 있게 되었습니다.

저는 교회에서 적극적으로 활동하였고, 리더가 되었습니다. 한번은 회사에서 월급을 받지 못하고 있으니 도와달라는 필리핀 근로자의 전화를 받은 적이 있습니다. 그때 저는 이러한 요청이 바로 그들에게 복음을 전할 수 있는 기회라는 것을 깨달았습니다. 동시에 하나님이 저를 목회자로 부르고 계신다는 것을 느꼈습니다.

저는 그 생각과 마음의 짐을 내려 달라고 하나님께 기도했습니다. 목사가 되는 것이 얼마나 힘든 일인지 알았기에 목사가 되고 싶지 않았습니다. 그러던 중 영어 예배부의 집사님과 권사님, 장로님, 목사님이 제가 신학을 공부해서 목사가 되기를 기도하고 있다는 소식을 들었어요.

3년 동안 그분들이 저를 설득했지만, 저는 그 부르심을 계속 거절했습니다. 그것이 정말 하나님의 부르심인지 확신이 서지 않았어요. 무언가 확실한 사인이 필요했죠. 그래서 저는 우리 가족 중 한 명이라도 예수님을 믿게 된다면 목사가 되겠다고 기도했습니다.

 2015년 12월, 드디어 제 동생 둘이 예수님을 구주와 주님으로 영접했습니다. 그 소식을 듣고 저는 신 목사님에게 필리핀으로 가서 신학을 공부하겠다고 말씀드렸어요. 그런데 목사님은 이렇게 제안해 주셨습니다. "필리핀에서 공부하면 쉽게 공부하고 빨리 목사가 되겠지만 한국에서 신학을 공부하면 좋겠습니다. 한국어로 공부하면 더 어렵고 더 오래 걸리지만, 힘든 만큼 더 겸손해지고 하나님을 더 의지하게 되고, 하나님의 지혜와 능력을 더 경험하게 되기 때문입니다."

 2016년 1월, 저는 직장을 그만두고 학생 비자를 신청하기 위해 필리핀으로 돌아갔습니다. 처음에는 거절당했지만 6개월 후에 다시 신청해서 비자를 받았습니다. 6개월간 한국어를 공부하고 2017년 고신대학교 신학과에 입학했는데, 한국에서 몇 년을 살았는데도 한국어 강의가 이해가 안 돼서 너무 힘들었습니다. 매일 새벽 기도회에 나가 하나님께 울며 지혜를 구했습니다. 철저히 낮아지고 겸손하게 되어 하나님을 의지하는 기간이었습니다.

 2021년에 고신대를 졸업하고, 고려신학대학원에 입학해 신학 석사 과정을 공부하고 2024년 2월에 졸업을 했습니다. 저는 14년간 복음을 전하려고 노력했지만 여전히 믿지 않고 있는 부모님을 두 달간 한국을 방문하시도록 초청했습니다. 부모님에게 복음을 전할 수 있는 마지막 기회라고 생각하며 교회 가족들에게도 기도를 요청했어요.

부모님은 제가 다문화 교회에서 목회하고 있다는 것을 알고 계셨습니다. 부모님이 교회에 오시자 성도들이 따뜻하게 맞아 주었고, 거의 모든 성도가 밖으로 나가서 같이 식사를 하자고 요청했습니다. 부모님은 우리 성도들의 친절에 무척이나 감격스러워하셨어요. 아들이 무얼 했기에 본인들이 이렇게 큰 사랑을 받느냐고 물으실 정도였어요.

어느 날 신 목사님의 부모님이 저희 부모님에게 여행을 가자고 하셨습니다. 여행을 다녀오는 길에 신 목사님의 아버지가 저희 부모님에게 복음을 전했습니다. 그리고 기도해 주셨는데, 두 분이 울면서 복음을 받아들였습니다. 그 뒤로 부모님은 필리핀에 돌아가서도 계속 교회에 다니고, 한 달에 한 번씩 현지 교회 성도님들이 부모님 집에 방문해 주어서 성경 공부 모임을 진행하고 계십니다.

지난 17년을 돌아보면, 하나님께서 저를 이곳 한국으로 보내신 이유와 목적이 분명하게 보입니다. 하나님께서는 제 동생의 고통을 사용하셔서 저를 이곳으로 부르셔서 주님을 알게 하셨습니다. 또 저를 사용하셔서 부모님을 이곳으로 부르셨고, 우리 시티센터교회 가족을 통해 부모님이 예수님을 구원자와 주님으로 영접하게 하셨습니다. 또 필리핀으로 돌아가신 부모님을 통해 제 남매들까지 복음을 듣게 하셨습니다.

부모님은 시티센터교회의 성도들의 사랑을 느끼며 마음이 열리셨어요. 한국 생활에 적응하기 힘들어하던 많은 외국인 성도들이 그랬던 것처럼이요. 외국인 성도들은 우리 교회를 안전한 보금자리로 여겼습니다. 그중 일부는 현재 영국, 싱가포르, 필리핀 등에서 살고 있지만, 고향에 돌아가서도 주님을 신실하게 섬기며 복음을 전하고, 다른 사람들에게 축복의 통로가 되어 주고 있다는 소식을 들을 때면 너무나 감사하고 기쁩니다.

수많은 외국인이 과거의 저처럼 한국에서 삶의 목적을 잃고 방황하고 있습니다. 저는 그분들에게 복음을 전하기 위해, 2024년 4월 28일부터 경주에 새로운 예배당을 분립 개척해서 담당 사역자로 세움을 받았습니다. 하나님의 은혜로 경주 채플에는 매주 15-20명이 출석하고 있습니다.

저도 한때 목적을 잃어버리고 인생을 낭비했지만, 복음을 통해 변화되었고 그분 안에서 새 인생과 새 목적을 발견했습니다. 언젠가 필리핀으로 다시 돌아갈 때까지 저는 이곳에서 삶의 목적 없이 무의미하게 살아가는 영혼들에게 계속 복음을 전하려고 합니다. 저를 변화시킨 바로 그 복음을 말이죠. 우리 시티센터교회처럼 한국인과 외국인이 함께 예배드릴 수 있는 교회가 더 많이 생겨나기를 소망하고 기도합니다.

2부

Believing의
공동체

"

열매 맺는 다문화 교회가 세워지기 위해서는
먼저 복음 중심적인 교회가 되어야 하기 때문에
우리 교회는 "Believing"(신앙 갖기)을 두 번째 비전으로
정했다. 복음이 우리의 모든 사역과 관계의 중심에
위치할 때, 누구도 우월감이나 열등감을 갖지 않을 수
있고, 누구나 있는 모습 그대로 용납받고 환대받는,
차별과 편견 없는 다문화 교회가 될 수 있다.
서로 다른 사람들이 인종, 국적, 문화, 언어 등의 차이를
초월해서 함께 걸어가는 다문화 교회의 여정은 너무나
불편하고 더디고 어렵다. 하지만 불가능한 것은 아니다.
복음에는 모든 것을 변화시키는 능력이 있다.
우리는 불편하고 더디고 어려운 길을 그 복음으로
말미암아 헤쳐 나가고 있다.

_본문 중에서

"

11
할로윈 대신 할렐루야[1]

팀 켈러의 『팀 켈러의 센터처치』에서는 그리스도인이 자신들을 둘러싸고 있는 세상 문화에 대해 과도 적응 over-adapt하거나 과소 적응 under-adapt하는 양 극단의 태도를 경계해야 한다고 말한다. 만일 문화에 과도하게 적응하게 되면 세상과 구별되지 못하고 세상을 변화시키는 힘을 잃게 될 것이다(혼합주의). 과소하게 적응하면 자신들을 세상과 너무 거리를 두게 되어 진리의 소리를 세상에 전하지 못하게 될 것이다(분리주의).

---

1 이번 장은 팀 켈러, 『팀 켈러의 센터처치』의 두 번째 파트인 "도시" 편을 참고했다.

그런 점에서 팀 켈러는 '상황화'contextualization의 중요성을 역설한다. 상황화는 성경의 진리를 변형하거나 타협하지 않으면서도, 그 진리를 각 시대와 문화의 언어로 번역하거나 시대 상황에 맞게 적용하는 것이다. 기독교의 복음 메시지가 도시 문화를 변화시키려면 상황화의 과정을 반드시 거쳐야 한다.

팀 켈러는 이것을 '다이너마이트'dynamite로 비유한다. 다이너마이트로 큰 암벽을 파괴한다고 생각해 보자. 일단은 암벽 사이로 다이너마이트가 들어가야 하고, 다음으로는 폭발을 일으켜야 한다. 만일 들어가지 않거나, 들어가기는 했는데 폭발하지 않는다면 결코 암벽을 부술 수 없다.

우리 그리스도인들이 오늘날 세상 문화를 바라보는 태도도 마찬가지다. 우리는 과도 적응(수용뿐)과 과소 적응(도전뿐)이라는 이 두 가지 양 극단을 거부해야 한다. 만약 세상 속으로 충분히 들어가지 않고 거리 두기를 하면서 밖에서만 시끄럽게 폭발을 일으킨다면? 반대로, 세상 속으로 깊숙이 들어가기만 하고 어떤 폭발도 일으키지 않고 침묵한다면? 두 경우 모두 아무 변화도 일어나지 않을 것이다. 우리는 세상 문화의 물결 속으로 깊숙이 들어가서 세류에 역행하는 파동을 일으켜야 한다.

우리는 지금 어떻게 문화를 바라보고 있는가? 세상 속으로 깊숙이 들어가서 그 문화를 과도하게 수용하여 세속 문화에 동화된 채 세상과 전혀 구별 없이 살고 있지는 않은가? 아니면 세속 문화를 전적으로 타락하고 악한 것으로 여겨서 세상으로부터 동떨어진 채 강 건너 불구경하듯 하고 있지는 않은가? 두 가지 태도 다 도시 속에서 아무런 영향력을 끼치지 못한다.

그렇다면 우리 그리스도인들은 문화를 향해 어떤 태도를 취해야 하는가? 양 극단이 아닌 중심center, 즉 제3의 길을 추구해야 한다. 무슨 뜻인가? '할로윈' 문화를 생각해 보자. 매년 10월 31일에 열리는 할로윈 데이는 영미권에서 들어온 문화다. 천국에 있는 성인들을 기념하는 로마 가톨릭의 절기인 만성절All Saints' Day 전날 밤, 귀신, 유령, 괴물 등의 분장을 하고 돌아다니며 축제를 즐기는 날이다. 어린이들은 영화나 만화 캐릭터로 코스프레를 하고 집집마다 다니며 이웃 어른들에게서 사탕이나 초콜릿을 얻어 낸다.

할로윈은 그 유래나 관습을 들여다보아도 전혀 성경적이지 않다. 오히려 반기독교적이고 사탄적인 요소들이 가득하다. 그렇다면 크리스천 가정의 자녀들은 그날을 어떻게 보내야 할까? 친구들이 학교나 학원에서 다양한 놀이와 게임, 먹거리 등 할로윈 문화를 즐기는 동안 아무것도 하지 않고 가만히 있어야 할까? 이러한 문화를 절대 접하지 못하도록 부모가 나가지 못하게 해야 할까? 피하는 것만이 답이 아니다. 그렇다면 자녀들이 성인이 되어 부모의 간섭이 더 이상 미치지 않을 때 교회를 떠나게 될지도 모른다.

모든 문화에는 복음적인 요소와 비복음적인 요소가 포함되어 있기에, 우리는 성경을 기준으로 문화를 수용하는 동시에 비판해야 한다. 나아가서, 기독교 가정과 교회의 자녀들이 누릴 수 있는 대항 문화이자 대안 문화를 창조해야 한다. 그래야 기독교 문화가 세상에 뒤처지지 않을뿐더러 세상 문화를 주도할 수 있다. 세상이 알아들을 수 있는 상황화된 방법으로 분명한 복음 메시지를 세상에 전할 수 있다.

다문화이자 대안 문화를 추구하는 우리 시티센터교회에서는 개척 첫해부터 '할로윈 데이' 대신 '할렐루야 데이'를 기념해 왔다. 이날은 아이들은 물론 성인 성도들도 성경에 등장하는 인물, 동물, 사물, 자연 등으로 분장해서 그 역할에 맞게 하나님을 찬양한다. 예를 들면 아브라함, 모세, 파라오, 다윗, 솔로몬, 마리아, 베드로와 같은 인물들이나 토끼, 강아지, 기린, 곰, 공룡, 노아 방주의 비둘기와 같은 동물들이다.

어떤 아이들은 십계명이 적힌 두 돌판, 성경책, 천사로 변신하기도 한다. 제일 멋지게 변신한 친구에게는 특별상을 준다. 세대 통합으로 진행되는 예배 시간에는 왕들과 동물들, 사물과 자연이 온 땅의 주인이신 하나님을 "할렐루야!" 하며 한목소리로 찬양한다. 교회의 축제이자 잔칫날이다.

우리 아이들이 학원에서 진행하는 할로윈 데이보다 교회에서 함께하는 할렐루야 데이를 더 재미있어 하고 신나 한다면 아이들은 해마다 그날을 기다릴 것이다. 교회에 다니지 않는 부모들도 학원보다는 더 건전한 문화를 경험할 수 있는 교회로 아이들을 보내려고 할 것이다. 우리 자녀들은 성경을 종이 안에 갇힌 옛날 이야기가 아닌, 하나님의 살아 있는 말씀으로 더 역동적이고 입체적으로 배울 수 있다. 부모와 자녀, 교회의 기성 세대와 다음 세대가 이날을 소재로 다양한 행사를 같이 준비하다 보면 세대 사이의 문화적 간격이 좁아지고 세대를 초월한 교제와 소통이 가능해질 것이다. 일석이조가 아니라 일석삼조, 일석사조다.

교회는 세상의 문화를 무조건 수용해서도, 무조건 반대해서도 안 된다. 일반 은총의 관점에서 세속 문화 속에 있는 긍정적인 요소를 수용하되, 성경을 기준으로 세속 문화를 비판해야 한다. 그리고 세상 문화에 뒤처질 것이 아니라, 대안 문화를 창조하여 우리 도시 안에서 새로운 문화를 주도해 가야 한다. 도시 안으로 적극적으로 들어가 그 안에서 건강하고 복음적인 문화를 퍼뜨려 보자.

12
포틀럭 파티

　　시티센터교회는 '다문화 교회'다. 그런데 많은 사람이 '다문화 교회'라고 하면 '상대적으로 가난하고 어려운 사람들이 모인 교회'라는 일종의 편견을 가지고 있다. 왜냐하면 '다양한 문화'라는 본래의 의미와 달리 '다문화'가 우리 사회에서는 아시아 또는 아프리카의 가난한 국가에서 한국으로 시집온 아내와 그 자녀들을 가리키는 표현으로 사용될 때가 많기 때문이다.

　　미국, 캐나다, 유럽 등 서구권에서는 '다문화'가 그 나라 안에 존재하는 다양한 생각, 가치관, 행동과 같은 삶의 다양한 표현 방식을 일컫는 뜻으로 사용된다. 이 용어가 우리나라에서는 부정적으로, 사람을 가리키는 것으로 바뀌어 버렸다.

나는 우리 교회를 '다인종 교회'multiethnic church 또는 '국제 교회'international church보다는, '다문화 교회'multicultural church라고 소개하는 것을 선호한다.[2] 획일화되고 통일된 방식이 아니라, 다양한 문화의 표현 방식을 존중하는 교회라는 점을 강조하고자 함이다. 각 재료의 고유한 맛이 살아 있는 비빔밥이나 샐러드처럼 말이다.

다문화 교회는 다양한 국적과 인종 출신이 다양한 문화와 언어를 사용하는 사람들이 모인 교회다. 그중 어떤 하나의 문화도 그 공동체의 지배적인 문화나 지배적인 방식이 되어서는 안 된다. 우리 교회에서는 한국 사람과 필리핀 사람이 다수를 차지하지만, 그들에게만 익숙하고 편한 한국 문화나 필리핀 문화가 예배, 교제, 교육, 봉사, 선교 등에 있어서 지배적인 방식으로 채택되지는 않는다. 마찬가지로 남아공, 미국, 캐나다, 영국, 인도, 중국 출신의 멤버들이 있지만 그들의 나라와 문화권의 방식이 우리의 표준 방식과 문화가 될 수 없다.

그렇다면 다문화 교회는 어느 문화의 영향도 받지 않는, 문화로부터 자유로운 교회culture-free church라는 뜻인가? 그렇게 될 경우, 다문화 교회의 문화와 사역 방식이 모두에게 불편하고 낯설 수밖에 없지 않을까?

---

2 최근에는 다른 문화 간에 서로 영향을 주고 받는다는 의미에서 '상호 문화'(intercultural)라는 표현을 사용하는 경우도 많다.

그렇지 않다. 다문화multicultural 교회는 문화를 넘어설 뿐 아니라cross-cultural, 대항 문화적이고counter-cultural 대안 문화적인alternative-cultural 교회다. 유대인들과 헬라인들이 함께 세운 최초의 다문화 교회였던 안디옥 교회를 생각해 보라. 그들은 '유대인'이라는 제1의 정체성도, '헬라인'이라는 제2의 정체성도 아닌, '그리스도인'이라는 제3의 정체성에서 자신들을 발견했던 대안적 공동체였다. 마찬가지로 우리 시티센터 교회도 한국 문화나 외국 문화의 방식이 아닌 제3의 문화, 즉 성경에 나오는 복음적인 문화의 방식을 따르는 공동체, 대안 문화 공동체다.

우리 교회의 대안적인 문화 가운데 하나로 '주일 식사' 문화가 있다. 중국, 베트남, 필리핀 교회처럼, 한국 교회에서도 빠질 수 없는 순서는 주일 예배 후 성도들끼리 식사를 나누면서 교제하는 것이다. 코로나 후로 많이 축소되기는 했지만, 여전히 교회 사역에서 중요한 부분을 차지한다.

그런데 우리 교회는 개척 초기부터 주일 점심을 제공하지 않았다. 아예 부엌과 식당을 만들지도 않았다. 공간이 부족하기도 했지만, 더 중요한 이유는 부엌을 만들면 누군가는 주방 봉사를 하느라 예배에 집중하지 못하게 되고, 봉사에 지쳐 은혜가 떨어지기 때문이다. 모두가 예배자가 되어야 하고, 예배의 기쁨이 자연스럽게 봉사로 이어지는 것이 좋다. 봉사와 사역 때문에 본질에 해당하는 예배가 신앙생활의 우선순위에서 밀려나는 것은 옳지 않다. 우리 교회에 온 한국인 여성 성도들은 교회에 주방이 없는 이유를 알려 드리면 정말 좋아하신다.

하지만 우리 민족이 어떤 민족인가? "금강산도 식후경"이라는 말처럼, 장소 불문하고 먹는 것을 너무나도 사랑하는 민족이다. 봉사의 부담을 줄이는 것은 좋지만 그렇다고 식사를 같이하지 않으면 정이 없어 보이고 너무 아쉽기도 하다. 성도의 교제를 위해 주일 식사는 하되, 봉사자들이 지치는 일이 생기지 않게 하는 대안적인 방법이 필요했다. 매주 식사를 제공하며 일부 봉사자들이 무거운 의무와 책임을 져야 하는 제1의 방법도, 식사를 전혀 제공하지 않아 아무도 의무나 책임을 지지 않는 제2의 방법도 아닌, 모두가 기쁨으로 의무와 책임을 지며 식사를 하는 제3의 방법은 과연 무엇일까?

깊은 고민 끝에 시작한 것이 바로 '포틀럭 파티' 문화다. 포틀럭potluck은 미국이나 캐나다 등 서구권에서 시작된 소모임의 한 형태로, 모임을 주최하는 호스트가 장소와 몇 가지 기본 메뉴만 제공하고 게스트들이 각자 한두 가지 음식을 가져와서 뷔페식으로 나누어 먹는 식사 자리다. 우리 교회에서는 매월 첫 주에 이렇게 점심 식사를 한다. 교회에서는 장소와 그릇, 수저 및 밥을 제공하고, 성도 각자가 자기 나라 음식을 조금씩 가져온다.

포틀럭을 앞둔 주간 금요일 즈음에 단체 카톡방에 공지

문자가 올라온다. "이번 주일 포틀럭 진행합니다. 음식 가져오실 분 댓글 달아 주세요." 그러면 기다렸다는 듯이 댓글이 올라온다. "치킨 아도보(필리핀 음식) 준비할게요", "인디언 카레와 사모사(인도 음식)요", "보보티(남아공 음식)요!", "샥슈카(북아프리카 및 중동 음식) 할게요", "잡채 가져갑니다", "소파스(필리핀 음식) 할게요", "스파게티요", "튀김 가져갈게요", "야채 샐러드 해 갈게요", "음료수 가져갈게요!", "티라미수 케이크 만들어 갈게요."

이렇게 하면 소수의 인원에게 봉사가 집중되지 않는다. 개인이 한 가지 요리만 준비하면 된다. 교회를 사랑하는 마음과 헌신하는 마음으로 스스로 준비하므로 교회 재정이 거의 들어가지 않는다. 세계 음식이 한자리에 차려져 있어서 좋아하는 음식을 입맛대로 골라서 먹기에 메뉴에 대한 불평도 나오지 않는다. 남은 음식은 포장해서 누군가가 가져가므로 음식물 쓰레기도 없다. 또 서로가 음식을 칭찬하며 감사를 표하면서 먹기 때문에 요리하는 보람도 느끼고 성도 간의 이해와 애정도 깊어진다. 이때 조리법을 받거나 주중에 따로 만나서 요리를 배우고 가르쳐 주기도 하므로 더욱 깊은 교제를 나눌 수 있다. 음식을 담아 온 그릇째로 집으로 가져가니까 교회에서 설거지할 분량도 줄어든다. 설거지는 소그룹별로 정해서 하기에 자기 차례는 1년에 두 번밖에 돌아오지 않는다. 한국과 필리핀의 '품앗이' 문화와 서구의 '포틀럭' 문화가 잘 융합된 사례라 할 수 있다.

    이 '품앗이' 문화는 식사에만 해당되는 것이 아니라, 다른 모든 사역에도 적용된다. 여름 성경 학교와 수련회, 비전 트립과 같은 사역, 또 매월 지불해야 하는 공간 임대료와 커피콩 구입 비용, 대표 기도, 어린이 돌봄child-care 등과 같은 주일 봉사에 이르기까지, 소수의 인원에게 부담이 집중되지 않도록 하고 있다. 우리 교회 안에는 어떤 일이라도 각자 조금씩 역할과 책임을 나누는 문화가 자연스럽게 자리 잡고 있다. 혼자서 감당하면 힘들고 부담스러운 일들도, 함께 나누어서 하면 서로에게 기쁨이 된다.

    또 하나의 대안적 문화로는 호칭 문화가 있다. 우리 교회에서는 영어 멤버들의 경우에는 이름에다가 '형제님' 또는 '자매님'이라는 호칭을 붙이고, 한국 멤버들의 경우에는 이름 뒤에 '님' 또는 '씨'를 붙여서 부르기로 했다. 서로의 이름을 불러 주는 것이 더 성경적이면서 수평적이기도 하고, '님'을 붙이면 나이에 상관없이 상호 존대가 가능해지기 때문이다. 처음에는 약간 어색했지만 이제는 '진아님', '성권님', '은경씨' 이렇게 부르는 것이 자연스러워졌다. 한국인들끼리만 있을 때는 고민하지 않아도 될 문제였지만, 한국인과 외국인이 만나게 되자 제3의 새로운 문화가 형성되었다.

    그렇다. 문화와 문화가 만나면 새로운 제3의 문화가 탄생한다. 새로운 관점이 생기고, 새로운 의미와 가치가 발견되고, 이전에는 경험해 보지 못한 새로운 세상이 열린다. 우리 교회는 많은 면에서 더 다양해지고 더 풍성해지고 있다. 그렇게 제3의 문화, 복음적인 대안 문화를 형성하면서, 느리지만 함께 걸어가고 있다.

13
약 드실 시간입니다

"여러분, 약 드실 시간입니다!"

사람들이 웃으면서 하나 둘 커피 테이블이 있는 곳으로 모이기 시작한다. 막 내린 커피를 향과 맛을 음미하면서 마시며 삼삼오오 모여 대화를 나눈다. 커피콩 구입 계좌로 후원금을 보내는 분도 있다. 주일마다 펼쳐지는 시티센터교회의 커피 문화다.

우리 교회의 커피 문화는 전적으로 요섭님의 주도로 형성되었다. 요섭님이 우리 교회를 오기로 했을 때, 나와 그분을 둘 다 아는 몇몇 분이 내게 그분을 감당하기가 힘들 것이라며 우려를 표하셨다. '도대체 어떤 분이시기에?' 하는 의문이 생겼지만, 당시 나는 워낙 열정도 강했고 자신감으로 가득 차 있었기에, "걱정 마세요"라며 호기롭게 대답했다.

요셉님은 우리 교회가 개척된 지 한 달도 채 안 되었을 때 등록한 시티센터교회 1호 한국인 성도다. 요셉님은 우리 교회를 무척 마음에 들어 했다. 찬양을 인도하는 제이슨 강도사님 특유의 밝은 미소와 생동감 있는 예배 분위기가 기존 전통적인 한국 교회에서는 느낄 수 없는 자유와 기쁨을 주었다고 했다. 얼마 지나지 않아서 키보드 반주자가 없는 것을 보고는 반주 봉사를 자원하셨고, 또 커피 봉사도 자원하셨다.

나는 어떤 커피든 가리지 않고 맛있게 마시는 사람이었다. 하지만 그분이 내려 주시는 일본 고노식 드립 커피를 계속 마시다 보니, 이제는 커피 맛도 어느 정도 구분할 줄 아는 입맛이 되었다. 나뿐만 아니라 우리 교회 성도들도 대부분 그러했다. 요셉님이 내려 주시는 커피를 마시면서부터는 다른 데서 마시는 커피는 성에 차지 않았다. 요셉님은 우리가 '커피 회심의 스토리'를 간증할 때마다 빙긋이 웃으며 좋아하셨다.

커피에 더 깊은 관심이 생긴 분들을 중심으로 커피 클래스까지 여러 차례 열렸다. 이른바 '커피 제자 양육'을 통해 커피 제자들과 커피 회심자들이 생겨났다. 커피 향과 맛을 잊지 못해 교회에 온다고 말하는 사람까지 있었다. 심지어는 지난주 목사님 설교 내용은 잊었지만 요셉님 커피 맛은 잊을 수 없었노라고 간증하는 이들도 있었다. 이 얘기를 듣고 요섭님 입가에 미소가 어리면 내 입꼬리도 덩달아 올라갔다.

어디선가 들은 이야기다. 인도에서는 음악과 춤이 매우 발달해 있다고 한다. 드라마나 영화에는 반드시 음악과 춤이 등장하고, 결혼식을 포함한 모든 파티에도 음악과 춤이 빠지지 않는다. 그 배경에는 인도 사회가 다민족, 다문화로 구성되어 있기 때문이라고 했다. 서로 민족도, 문화도, 종교도, 언어도, 계층도, 신분도 다르기에 이 모든 것을 초월해서 같이 어울릴 수 있는 방법이 바로 음악과 춤이라는 것이다. 다양한 사람들이 공존하는 인도 사회에서 음악과 춤이 또 다른 언어이자 매개가 되어 서로를 하나로 연결해 주고 묶어 주는 것이다.

우리 교회에서는 커피가 그런 역할을 하고 있다. 개척 초기에는 한국 멤버들은 드립 커피를, 영어 멤버들은 믹스 커피를 즐겼었는데, 이제는 너나 할 것 없이 요섭님의 커피를 으뜸으로 평가한다. 주일 예배 후 성도들은 요섭님이 내려주는 커피를 마시려고 줄을 서서 기다린다. 말이 잘 안 통해서 눈치만 보며 거리를 두던 한국 멤버들과 영어 멤버들이 한 테이블에 앉아 커피를 마시며 자연스럽게 교제를 나눈다. 손짓 발짓으로, 때로는 번역기로, 때로는 누군가의 통역으로 조금씩 소통이 가능해지고 있다. 요섭님의 커피 덕분에 우리 성도들 간의 마음의 거리와 몸의 거리가 점점 줄어들고 있다. 이 커피가 성도들의 교제에 있어 중요한 부분을 차지하게 된 것이다.

요셉님은 생각보다 상처가 많은 분이었다. 교회에 잘 적응하는 것 같았지만 나와 깊이 있는 대화를 나눌 때면 다른 교회와, 목회자와 장로와 같은 리더들에 대한 비판을 계속 쏟아 냈다. 특히 과거에 아버지나 목회자와 같은 권위적인 리더들에게 받았던 상처를 나에게 투영하여 나를 거의 신뢰하지 않았다.

나와 아내는 그분을 최선을 다해 섬기고 무조건적인 사랑을 베풀어 보기로 결단했다. 안부 전화도 자주 하고, 만나서 인생 이야기도 귀 기울여 잘 들었다. 명절이나 생일 등 특별한 날에는 선물도 해 주면서 섬기자 요셉님이 마음을 조금씩 열어 주었다. 이윽고 '창세기 하심(하나님의 심정) 제자 훈련'을 통해 그분 안팎에서 크고 작은 변화들이 나타나기 시작했다.

처음에 요셉님은 우리 교회에서 가장 독특하고 강하고 날카로운 분이셨다. 시티센터처치에서 가장 처치 곤란한(?) 분이셨다. 그러나 이제는 우리 교회에서 없어서는 안 될 분이 되셨다. 누구보다 성실하고 모범적인 분, 때로 내가 힘들 때 마음을 다 터놓고 이야기해도 안심이 되는 분, 내 말을 오해하지 않고 묵묵히 들어 주시는 분, 내 목회 철학과 생각을 잘 이해하시는 분, 내 부끄러움과 연약함을 숨길 필요 없이 솔직하게 털어놓고 기도 부탁을 할 수 있는 분이다.

요섭님은 지난 6년간 주일에 제일 일찍 나와서 기도로 그 날을 시작하신다. 예배에 불가피하게 못 나올 때는 죄송해하며 미리 말씀해 주신다. 십일조도 세금을 떼기 전 금액으로 반올림해서 주님께 드린다며 나한테 보고하신다. 그러면서 "저는 지옥 가기 싫거든요"라고 하신다.

내가 목양실에서 설교 말씀을 최종 점검하고 있으면, "목사님 약 드실 시간입니다. 커피 배달 왔습니다" 하면서 제일 먼저 내린 맛있는 커피를 가져다주신다. 그 커피를 마시고 나면 정신이 맑아지고 마음 깊은 곳에서부터 벅찬 감정이 차오른다. 커피에 진짜 약을 타지는 않았는지 의심이 들 정도로 힘이 난다.

그렇다. 진심은 결국 통한다. 사랑에는 치유하고 회복하는 힘이 있다. 한 영혼이 사랑과 말씀으로 양육되어 예수님을 닮은 성숙한 인격의 열매를 맺어 가는 것을 보는 것만큼 목회자에게 큰 보람과 기쁨은 없다. 바로 이 맛과 향 때문에 목회라는 비록 순탄치만은 않은 길을 가는 것을 포기할 수 없는 게 아닐까?

14
Third Culture Kids

　　파란 나라에 사는 노란 아이가 있었다. 아이는 선교사였던 노란 부모님을 따라 3살 때 파란 나라로 이주를 했다. 어느덧 이곳에 산 지도 15년이 훌쩍 흘렀다. 아이는 자신이 파란 아이들과 다르다는 것을 알고 있었고, 파란 나라에 소속되지 못하고 있다고 느낌을 종종 받았다. 노란 부모님도 '너는 비록 여기 살지만, 넌 노란 아이야. 너는 노란 나라의 말과 역사와 문화를 배워야 해'라고 늘 말씀하셨다.

　　아이는 언젠가 노란 나라로 가게 될 날만을 기다려 왔다. 드디어 늘 꿈꾸고 동경해 왔던 자신의 조국 노란 나라에 있는 대학에 합격했다. 노란 나라에서 친구들도 사귀고 수업과 활동에도 잘 참여했다. 그런데 시간이 지날수록 불편하고 답답해졌다. 친구들의 겉모습은 자신과 똑같았지만, 생각도 다르고 생활방식도 너무 달랐다. 부모님의 나라이자 자신의 조국인 노란 나라에 왔으니, 자신도 이곳에 소속감을 가질 수 있으리라고 기대했지만 현실은 달랐다. 오히려 더욱더 외로움과 소외감이 들었고, 문화적 차이 때문에 일상생활이 쉽지 않았다.

노란 아이는 파란 나라 친구들이 그리워서 방학 때 다시 파란 나라로 건너왔다. 오랜 친구들을 만나니 너무 반갑고 행복했지만, 여전히 이곳도 내 나라 내 집이 아니며 여기에서도 자신이 완벽하게 소속되어 있다는 느낌을 받지 못했다. 도대체 이 아이는 어디에 소속되어야 할까?

'TCK'라는 용어를 설명하기 위해 이와 같은 이야기를 꾸며 보았다. TCK는 'Third Culture Kids'(제3문화 아이들)의 줄임말로, 선교, 외교, 유학, 사업, 해외 주재원, 해외 파병, 국제결혼 등 다양한 이유로 해외로 이주하게 된 부모님을 따라 외국에서 성장기를 보낸 자녀들을 가리킨다. 부모님의 출신 문화(제1문화)도, 현재 살고 있는 외국 문화(제2문화)도 아닌, 제3문화에서 자신의 소속감과 정체성을 발견하는 아이들이다.

Components of Third Culture / TCK

앞의 이야기에서 TCK인 노란 아이는 노란 문화도, 파란 문화도 아닌, 그 둘이 적절히 섞인 제3문화, 즉 초록 문화에서 자신의 정체성을 발견하고 편안함을 느낀다. 이런 아이들은 제1문화나 제2문화에서는 완전한 소속감을 느끼지 못하고, 자신을 이방인처럼 여긴다. 자신과 동일한 제3문화, 즉 TCK들과 있을 때는 편안함을 느낀다.

우리 교회 아이들도 그렇다. 많은 분이 우리 교회 아이들에게 어떤 언어로 신앙 교육을 시키는지 궁금해한다. 우리 교회에 나오는 스무 명의 아이 중에 내 세 아이를 제외하고는 열일곱 명의 아이 모두 국제결혼 가정의 자녀들이다. 이 중 부모 양쪽 모두가 외국인인 한 아이를 제외하고는 이곳 한국에서 태어나서 한국 국적 가진, 한국말을 모국어로 하는 한국 아이들이다. 따라서 신앙 교육은 한국어로 한다.

하지만 우리 아이들은 양쪽 부모가 한국인인 아이들과는

다르다. 한국 문화도 자신의 일부이지만, 다른 문화 출신의 부모님의 문화 또한 자신의 일부이기 때문이다. 유치원을 다닐 때까지는 비교적 덜 하지만, 초등학교에 들어가면서부터는 다른 아이들과 자신의 차이를 조금씩 발견하기 시작한다. 학교 선생님이나 친구들도 외모가 다른 이 아이를 외국인처럼 대할 때도 있다.

우리 아이들이 청소년이 되고 사춘기를 겪을 때면 이런 경험이 더 잦아진다. 평생 한국인으로, 한국어를 쓰며 스스로 한국인의 정체성을 갖고 살았지만, 사람들은 자신을 다르게 대하는 것이다. 그렇다고 부모님의 출신 국가로 여행을 가 보지만 그곳도 여전히 내 나라가 아니다. 자신의 정체성에 대한 혼란과 방황은 성인이 되어서도 지속되는 경우도 많다.

이런 국제결혼 가정의 자녀들, 소위 말하는 다문화 가정 자녀들을 우리는 어떻게 바라보아야 할까? 우리는 이 아이들을 단순히 외모만으로 판단해서 '한국 아이' 또는 '외국 아이'가 아닌 TCK로 바라보아야 한다. 한국에서 태어났고, 앞으로도 한국에서 적응하고 살아야 하니 당연히 한국인의 정체성을 가져야 하지만, 양쪽 부모가 다 한국인인 아이들과는 다른 정체성을 갖는다. 제1문화도, 제2문화도 그 아이들의 완전한 정체성이 될 수 없다. 제3문화에서 소속감을 찾는 이 아이들이 자신의 참된 정체성을 발견할 수 있도록 도와주어야 한다.

그 참된 정체성은 무엇일까? 그것은 국적이 다른 두 부모의 문화를 섞어 놓은 것이 아니다. 민족적, 문화적, 사회적 정체성을 초월하는 영적 정체성이다. 바로 그리스도인이라는 정체성이다. 복음 안에서 발견하는 참된 나다. "과연 나는 한국인인가, 필리핀인인가?" 이 두 가지 정체성이 아니라, '그리스도인'이라고 하는 성경의 답을 알려 주어야 한다. 모든 그리스도인이 그러해야 하듯이, TCK들도 그리스도인이라는 영적 정체성이 먼저 나오고, 그다음 한국인이나 다른 국적과 관련된 정체성들이 따라와야 한다.

그래서 우리 교회는 다음 세대를 교육하는 목표를 두 가지로 세웠다. 우리 교회 신앙 교육의 핵심은 '정체성 교육'인데, 그 두 가지 핵심축은 바로 가스펠 키즈$^{Gospel\ Kids}$와 글로벌 키즈$^{Global\ Kids}$다. 먼저 우리 아이들을 복음의 아이들, 즉 가스펠 키즈로 교육하고자 한다. 우리 자녀들이 부모님의 출신 국가나 문화, 자신의 외모, 성적, 재능, 실력, 친구 관계, 소유와 재산 등이 자신의 첫 번째 정체성이 아니라, 복음 안에서 자신이 누구인지를 우선적으로 발견하도록 돕는 것이다.

다음으로 우리 아이들은 글로벌 키즈로 성장해야 한다. 우리는 자녀들이 이 나라 대한민국에서만 아니라, 복음과 자신의 재능으로 온 세상과 열방에서 봉사하는 글로벌한 아이들이 되도록 양육하고 있다. 우리 자녀들이 영어, 따갈로그어, 중국어와 같은 다양한 언어를 자연스럽게 배우도록 글로벌한 환경을 조성하고 있으며, 다른 문화권의 사람들과도 자유롭게 어울릴 수 있는 다문화적 감수성을 배양해서 글로벌 시민, 글로벌 리더로 양육하는 것을 우리 교회 다음 세대의 교육 목표로 세우고 있다.

이런 TCK들은 더 많은 외로움, 상처, 상실감, 소외감, 정체성의 혼란 등의 문제와 평생 씨름한다. 그런데 이런 자신의 TCK로서의 정체성과 소속감을 잘 이해해서 건강하게 성장하면 최소 두 개 이상의 언어를 사용할 수 있고, 다양한 문화권에서 잘 적응하는 글로벌 리더가 될 수 있다. 나아가서 하나님의 선교 역사에 귀한 일꾼이자 세상을 향한 하나님의 복덩이로 쓰임받을 수 있다.

유명인들 중에 TCK로는 악동 뮤지션, 산다라 박, 박정현, 윤미래, 추성훈, 에릭 남, 강남, 인순이, 정대세, 차두리, 하인즈 워드, 버락 오바마, 오드리 햅번, 코비 브라이언트 등이 있다. 사실 성경에도 수많은 TCK가 나온다. 이삭, 모세, 요셉, 다니엘과 세 친구, 에스라, 느헤미야, 에스더, 오벳, 디모데 등 모두 어릴 적부터 외국에서 성장했거나 부모님 양쪽의 문화가 다른 가정에서 태어난 TCK들이다.

무엇보다 우리의 구원자 되시는 예수님이 TCK셨다. 그분은 100% 하나님이시면서도, 100% 인간이 되셔야 했다. 이 땅에서 태어나 낯선 언어와 문화를 배우셔야 했고, 헤롯의 박해를 피해 외국 이집트로 건너가 난민과 이주민이 되셔야 했다. 동족 유대인들에게는 '사마리아인'과 같다는 비난과 배척을 받았고, 사마리아인들에게는 '유대인'이라며 환영받지 못하셨다. 나그네와 외국인이 되어야 했고, 온전히 머리 둘 곳도 없었으며 어느 곳에도 속하지 못했던 그 예수님이 우리 아이들을 공감하며 이해하신다.

드라마 "무빙"을 보면, 초능력을 가진 희수와 봉석이 이런 대화를 나눈다.

> 희수: "저 색깔이 싫어."
> 봉석: "주황색? 왜?"
> 희수: "두 가지 색 이름이 다 들어간 색은 주황색뿐이래. 빨간색도 아니고 노란색도 아닌 거지. 이것도 아니고 저것도 아니고."
> 봉석: "근데 있잖아. 주황색! 빨간색도 될 수 있고 노란색도 될 수 있어서 주황색 아닌가? 이것도 저것도 아닌 게 아니라, 이것도 될 수 있고, 저것도 될 수 있는 거잖아. 안 그래?"

우리 TCK 아이들도 마찬가지다. 우리 아이들은 자신이 누구인지 정체성을 똑바로 알지 못하면 두 가지 문화 어디에도 속하지 못하는 아이들이 될 수 있다. 반면에, 자신의 참된 정체성을 발견하게 되면 두 가지 문화 모두를 이해하고 소통할 수 있는, 무한한 잠재력과 가능성을 가진 특별한 아이들이 될 수 있다.

우리 아이들이 자신의 다문화적 배경을 잘 이해하고 복음적 정체성과 선교적 정체성을 가지고 성장한다면, 우리 교회는 더욱 건강한 다문화 교회가 될 수 있을 것이며 우리 사회 또한 더 건강한 다문화 사회가 될 것이다. 또 그들은 에스라, 느헤미야, 에스더와 같이 우리 사회와 세계 곳곳에서 하나님의 나라를 회복하고 확장하는 일에 귀하게 쓰임받게 될 것이다.

15
예배 세 시간도 괜찮아요!

　　　　　　한국인과 외국인으로 구성된 다문화 교회를 섬긴다고 하면, 사람들은 흔히 한국인들이 외국인들을 가르치거나 그들에게 도움을 주는 사역을 할 것이라고 생각하는 경향이 있다. 실제로 그렇기도 하지만 항상 그렇지는 않다. 그들은 우리가 갖지 못한 것을 가지고 있으며, 오히려 한국인들이 그들로부터 배울 것이 참 많다. 그중 특별히 인상적인 점은 그들은 기다림을 즐기고, 누군가와 기꺼이 긴 시간을 보내는, 즉 '고귀한 시간 낭비'의 가치를 안다는 것이다.

　　대부분의 한국 사람들은 기다림을 힘들어한다. 할 일 없이 시간을 보내는 것을 소모적이고, 비생산적이며, 낭비라고 생각한다. 예를 들어, 우리는 대중교통을 타거나 길을 걸으면서도 강의를 듣거나 다른 업무를 동시에 진행한다. 신호등이 바뀌었는데 출발을 조금이라도 늦게 하면 뒤에서 울리는 시끄러운 경적 소리를 들어야 한다. 엘리베이터에 타자마자 습관적으로 '닫힘' 버튼을 누른다. 건물 안으로 들어갈 때, 뒤에 사람이 뒤따라오고 있는 것을 알지만 잠깐 멈추어서 문을 잡고 기다려 줄 여유는 없다. 카톡을 보냈는데 상대방이 곧바로 확인하지 않거나 응답을 빨리 하지 않으면 참을 수가 없다. 직장이나 교회에서도 더 많은 일을 해낼 줄 아는 멀티태스킹multi-tasking이 가능한 사람을 선호한다. 이주민들이 회사나 직장에서 가장 먼저 배우는 한국어 표현이 바로 '빨리 빨리'인 것은 전혀 놀랄 일이 아니다.

크리스천들도 약속 시간이 지체되거나 기다려야 하는 상황을 못 견딘다. (조금 과장해서 말하면) 현대 크리스천들은 기도도 이런 식으로 한다.

"하나님, 제게 인내심을 주세요. 지금 당장!"

왜 우리 사회는 이런 '속도 중독' 사회가 되었을까? 왜 우리는 이렇게 기다림이나 시간이 지연되는 것을 때로 악하거나 나쁜 것으로 여길까? 아마도 소비주의와 물질주의에 영향을 받기 때문일 것이다. 한국 사회는 한국인 특유의 근면 성실한 태도와 끈기, 열정, 에너지를 발판 삼아 단기간에 초고속으로 경제 성장과 민주화를 이루어 왔으며, 한국 교회도 폭발적인 성장을 경험했다. 이제 한국은 경제 강국이 되었고, 한국 교회도 세계에서 두 번째로 선교사를 많이 파송하여 하나님 나라의 확장에 기여하고 있다.

하지만 그러는 사이에 우리는 소중한 많은 것을 잃어버리고 말았다. 가족이나 이웃들과의 친밀한 관계와 같은 정말로 소중한 것들을 부차적이고 불필요한 것으로 여기게 되었고, 경제적 성장과 번영과 발전, 그리고 부와 물질이 최고의 가치이자 우상이 되어 버렸다.

한국 교회도 소비주의와 물질주의의 영향으로, '사역'이라는 일을 사람들과의 관계보다 중요하게 여기고, 영혼 구원과 전도라는 대의(?)를 위해 때로는 비인간적이고 비인격적인 방식도 서슴지 않게 되었다. 교역자들과 교인들과의 관계는 마치 종교 서비스를 제공하는 '서비스 제공업자/판매자'와 '관리해야 할 고객'처럼 되어 버렸고, 교회는 영적 쇼핑몰처럼 되어 버렸다. 일부 교인들은 자신이 투자한 시간과 물질에 합당한 종교 서비스를 교회로부터 당연히 받을 권리가 있다는 듯이 요구한다. 만일 투자한 것에 비해 충분히 혜택을 누리지 못하거나 이용에 불편을 겪으면 더 많은 혜택과 편리함을 제공하는 교회로 멤버십을 옮긴다. 그들이 교회를 선택할 때 하는 중요한 질문은 "여기서 내가 무엇을 희생하고 어떻게 섬길까?"가 아니라 "여기서 나와 내 자녀들이 어떤 혜택을 누릴 수 있을까?"이다.

나는 이러한 소비주의와 성장주의, 물질 만능주의에 물든 한국 사회와 교회를 회복시키기 위해, 우리가 놓치고 있던 소중한 성경적 가치들을 다시 붙잡게 하기 위해, 하나님께서 이주민들을 보내 주셨다고 생각한다.

우리 교회는 이주민과 한국인이 함께 예배하고 교제하는 교회다. 하지만 지난 코로나 기간 몇 년 동안은 어쩔 수 없이 한국어 예배와 영어 예배를 나누어 따로 드리고, 매월 첫째 주일에만 연합으로 예배를 드렸다. 한 교회 내에 공동체가 두 개 있게 된 것이다. 감사하게도 몇몇 멤버가 예전처럼 매주 연합으로 함께 예배를 드렸으면 좋겠다고 요청했기에, 공청회를 통해 언어/문화/세대 통합 예배를 매주 드리기로 결정했다.

그리고 우리가 겪게 될 어려움과 불편함에 대해 이야기를 나누었다. 코로나 전에는 한국인 성도가 거의 없어서 영어로만 예배를 드렸지만 이제는 통역 등으로 인해 예배 시간이 길어질 것이고, 두 가지 언어가 교차적으로 사용되면서 집중하기가 어려울 수 있었다. 그리고 익숙하지 않은 외국어로 설교 말씀을 듣고 찬양을 불러야 하는 불편함이 생길 것이었다. 그런데 이 말을 듣던 남아공 출신의 레라토 자매님이 일어나 이렇게 말했다.

"우리 지금 시간이 길어지는 것에 대해 걱정하고 있는 거 맞죠? 그런데 걱정 안 해도 돼요. 예배 시간 길어져도 괜찮아요. 우리 남아공에서는 주일 예배 때 설교만 한 시간, 찬양은 두 시간을 불러요. 예배 세 시간도 괜찮아요! 다른 언어로 찬양을 부르고 설교를 자막으로 읽어야 하는 것도 괜찮아요. 불편해도 괜찮아요."

아프리카의 현지 교회 목사님으로부터 들은 이야기다. 아프리카에서는 주일 예배를 드리기 위해 하루나 이틀을(어떤 경우는 사흘까지) 걸어서 교회에 오는 사람들이 많다고 한다. 그만큼 간절한 마음으로 예배를 드리러 오기에, 목회자가 설교를 단 30분만 하고 예배를 한 시간 만에 마치는 일은 있을 수 없다고 한다. 그들 문화에서는 오히려 최대한 예배를 길게 드리는 것이 멀리서부터 온 그들을 더 존중하고 배려하는 것이라고 한다.

그렇다. 다문화 교회는 이런 다양한 문화의 배경을 가진 사람들이 모인 교회다. 빠름, 편리함, 효율성, 경제성 등과 같은 자본주의나 소비주의의 가치를 최우선으로 여기는 한국 문화가 지배적이 되어서도, 그것을 고집해서도 안 된다. 예배 시간도 짧게, 간편하게, 빨리 드리는 것이 제일 낫다거나 옳다고 할 수 없다.

예배란 무엇인가? 지상에서 가장 고귀하고 가장 가치 있는 시간 낭비 행위다. 예배는 하나님이 주시는 다른 복들이 아닌 하나님 자체를 가장 큰 복으로 여기고 그분과의 관계를 누리며 즐거워하는 시간이다. 예배를 드린다고 해서 우리의 경제 형편이나 살림살이가 나아지는 것은 아니다. 현실적인 문제가 당장 해결되지도 않는다. 소위 '밥 먹여 주는 것'도 아닌 것이다. 경제적 효율성이나 생산성의 관점으로 보았을 때 예배는 가장 비효율적이고 비생산적인 활동이다.

하지만 예배가 밥 먹여 주지는 않을지 몰라도, 더 맛있게 먹게 해 줄 수는 있다. 현실의 문제를 해결하거나 상황을 바꾸어 주지는 않지만, 그 문제 상황을 바라보는 관점과 마음을 바꾸어 줄 수는 있다. 현실 속 고난을 하나님의 관점과 복음의 렌즈로 보게 만들어 주며, 고난 중에도 인내할 힘을 제공해 주며, 어떠한 상황에서도 기뻐하고 감사할 이유를 찾게 해 준다. 그래서 예배는 가장 고귀하고 가치 있는 시간 낭비 행위인 것이다.

예배는 일이 아니라 관계를 누리고 즐기는 시간이다. 하나님과의 수직적인 관계뿐 아니라, 그분이 아버지인 한 형제 자매들과의 수평적인 관계를 누리는 시간이다. 사실 우리가 그토록 가고 싶은 천국에는 우리가 이루어야 할 어떤 일이나 사역도 남아 있지 않다. 그곳은 일이 아닌 관계를 위한 곳이다. 하나님과 어린양이신 예수 그리스도와의 관계, 그리고 구약과 신약의 성도들과 형제자매들과의 관계로 인하여 기뻐하고 즐거워하는 곳이다. 우리는 천국에서 누리게 될 관계의 즐거움을 이 땅에서의 예배를 통해 미리 경험할 수 있다.

글로벌한 다문화 사회를 살아가는 한국 교회의 성도들은 이주민들을 통해 이 느림과 기다림의 가치, 고귀한 시간 낭비의 가치를 깨닫고 누리는 법을 배워야 한다. 예배 시간이 한 시간이 넘어간다고 해서, 평소보다 길어진다고 해서 '언제 마치나?' 하며 시계를 보며 조급해하는 것이 아니라, 오히려 그 예배 시간을 하나님 및 성도들과의 소중한 관계를 누리는 시간으로 즐길 수 있어야 한다.

내가 평소에 우리 교회 성도들에게 누누이 강조하는 것이 있다. 우리 교회는 '더디 가더라도 함께 가는 교회', 즉 '더함 공동체'라는 것이다. 다문화 교회는 빨리 가기가 힘들다. 예배나 회의, 제자 훈련 등이 다른 교회들보다 두 배 이상의 시간이 걸리고, 마음을 열고 신뢰 관계를 형성하는 데도, 직분자를 세우는 데도 오랜 시간이 필요하며, 성장과 열매를 맺는 속도도 느리다. 그러나 느리게, 천천히 가더라도 함께 간다면, 빨리 갈 때 보지 못했던 것들과 누리지 못했던 소중한 것들을 보고 누릴 수 있게 된다.

자본주의와 소비주의의 영향을 크게 받고 있는 현대 문화에서는 약속된 시간이 지체되고 길어지는 것은 때로 시간 낭비로, 또는 게으르고 무능력한 것, 나쁜 것으로 여겨질 수도 있다. 그러나 우리와 다른 사고방식과 문화를 가진 이주민들과 함께 시간을 보내면서 그들로부터 배우려고 한다면, 그것을 다른 관점으로 바라보게 될 것이다. 우리는 하나님이 우리 사회에 보내 준 교사들인 이주민들에게서 겸손히 배우고자 하는 자세를 가져야 한다.

16
지상에서 맛보는 천상의 예배[3]

다문화 교회의 가장 큰 자랑거리는 다양한 국적과 민족, 언어와 문화의 사람들이 하나 되어 함께 드리는 글로벌한 예배다. 우리 교회는 매주 5-8개국의 성도가 모여 한국어와 영어로 예배를 드린다. 사도신경을 고백할 때나 찬양을 부를 때, 성경 본문을 읽을 때는 자신에게 편한 언어를 사용한다. 설교자들은 주일 설교를 한국어와 영어 두 가지로 준비한다. 기본 설정은 한국어와 영어이지만, 필요할 때는 따갈로그어, 중국어, 일본어, 러시아어, 스페인어, 네팔

---

3 이번 장은 김재우, 『기꺼이 불편한 예배』(고양: 이레서원, 2021)와 Mark DeYmaz, *Building a Healthy Multi-ethnic Church: Mandate, Commitments and Practices of a Diverse Congregation*(San Francisco, CA: Jossey-Bass, 2007)을 참고했다.

어, 싱할라어 등의 번역을 제공한다.

예배 후에는, 각자 받은 은혜를 한국어, 영어, 따갈로그어 등 언어별로 모인 원 띵One Thing 소그룹에서 자유롭게 나눈다. 한 달에 한 번은 포틀럭 파티가 열려 각 나라의 전통 음식이 소개된다. 이렇게 서로 인종도 국적도, 언어나 문화도, 피부색도 다른 사람들이 모여 예배하고 교제하는 모습은 마치 전 세계가 이 작은 공간에 들어와 세계 박람회를 하고 있는 것만 같다. 이런 다민족, 다언어, 다문화 예배에는 한국인 교회나 한 가지 언어로만 예배드리는 외국인 교회(또는 외국어 예배부)에서는 누릴 수 없는 감동이 있다.

그런데 이런 다문화적 예배는 어디서부터 시작되었을까? 세계화와 이주 현상으로 인해 최근에 생겨났을까? 이 글로벌한 예배의 기원과 뿌리는 성경에서 찾을 수 있다. 다민족, 다언어, 다문화 예배에 대한 여러 성경적 근거 가운데 세 가지를 소개하자면 다음과 같다.

예수님의 대제사장적 기도

하나님의 백성이 민족과 언어와 문화를 초월해서 하나가 되는 것은 예수님의 간절한 소원이셨다. 예수님이 이 땅에 오신 목적 가운데 하나는 언약 밖에 있던 이방인들이 유대인들과 한 무리가 되게 하시려는 것이었다.

"또 이 우리에 들지 아니한 다른 양들이 내게 있어 내가 인도하여야 할 터이니 그들도 내 음성을 듣고 한 무리가 되어 한 목자에게 있으리라" 요 10:16

요한복음 17장에 기록된 예수님의 대제사장적 기도를 보면, 그분은 무엇보다 하나님의 백성의 하나 됨을 위해 반복적으로 기도하셨다. 이 기도는 아버지 하나님이 기뻐하시는 뜻이었다.

"… 우리와 같이 그들도 하나가 되게 하옵소서 … 아버지여, 아버지께서 내 안에, 내가 아버지 안에 있는 것같이 그들도 다 하나가 되어 우리 안에 있게 하사 세상으로 아버지께서 나를 보내신 것을 믿게 하옵소서 내게 주신 영광을 내가 그들에게 주었사오니 이는 우리가 하나가 된 것같이 그들도 하나가 되게 하려 함이니이다" 요 17:11, 21-22

예수님은 그 기도의 응답이 되고자 친히 십자가를 지셨다. 에베소서 2장은 예수님의 그 십자가 사역의 결과를 하나 됨으로 설명한다.

"이제는 전에 멀리 있던 너희가 그리스도 예수 안에서

그리스도의 피로 가까워졌느니라 그는 우리의 화평이신 지라 둘로 하나를 만드사 원수 된 것 곧 중간에 막힌 담을 자기 육체로 허시고 법조문으로 된 계명의 율법을 폐하셨으니 이는 이 둘로 자기 안에서 한 새 사람을 지어 화평하게 하시고 또 십자가로 이 둘을 한 몸으로 하나님과 화목하게 하려 하심이라 … 이는 그로 말미암아 우리 둘이 한 성령 안에서 아버지께 나아감을 얻게 하려 하심이라." 엡 2:13-16, 18

예수님은 자신의 십자가 사역을 통해 모든 인종적, 문화적 장벽을 허무셨고, 하나님의 백성이 인종과 언어와 문화를 넘어 한 몸을 이루어 자신 안에서 백성이 서로 함께 지어지는 성전이 되게 하셨다.

지상 첫 번째 교회의 모습

둘째, 교회는 처음부터 다민족, 다언어, 다문화 공동체였다. 사도행전 2장에서는 오순절 성령 강림으로 탄생한 첫 번째 교회의 모습을 보여 준다. 그때 성령 충만을 받은 사람들은 배운 적이 없는 여러 방언으로 말하기 시작했고, 세계 곳곳에서 온 사람들이 자신들의 출신 언어로 복음을 듣는 역사가 일어났다. "이 소리가 나매 큰 무리가 모여 각각 자기의 방언으로 제자들이 말하는 것을 듣고 소동하여 … 우리가 우리 각 사람이 난 곳 방언으로 듣게 되는 것이 어찌 됨이냐 … 우리가 다 우리의 각 언어로 하나님의 큰 일을 말함을 듣는도다 하고"(행 2:6, 8, 11). 성령의 역사로 하나님의 큰일이 최소 열다섯 개 이상의 다양한 언어로 선포되었다. 교회는 그 출생부터 글로벌한 공동체였다.

성령 강림으로 탄생한 지상 첫 번째 교회의 다민족, 다언어, 다문화 예배는 한편으로 바벨탑 사건이 역전되었다고 볼 수 있다. 창세기 11장에서는 바벨탑을 쌓은 인류의 이야기가 소개된다. 그들은 다시는 물로 세상을 심판하지 않으시겠다는 하나님의 약속을 신뢰하지 못했다. 또 "생육하고 번성하여 땅에 충만하라"는 하나님의 명령을 거부하고, 흩어지지 않으려고, 하늘까지 닿고 스스로의 이름을 내려고 높은 탑을 쌓았다. 인간들의 불순종과 교만을 기뻐하지 않으셨던 하나님은 그들 가운데 내려오셨고, 그들의 언어를 나누셨다. 소통이 어려워진 그들은 세상 곳곳으로 흩어져야 했다.

하지만 사도행전 2장에서는 그 바벨탑의 역전이 일어난다. 시날 평지에 모여든 사람들(창 11장)과 달리, 마가의 다락방에 모인 사람들(행 2장)은 겸손하게 하나님의 뜻에 순종했다. 그들은 하나님이 약속하신 성령을 받기 전까지 예루살렘을 떠나지 않고 한자리에 모여 한마음으로 기도했다. 창세기 11장에서 땅으로 내려오셨던 하나님은 오순절 날 성령으로 또다시 내려오셨다. 성령 하나님이 다시 강림하셨을 때는 바벨탑 때와 정반대의 결과가 나타났다. 이번에도 언어가 나뉘었지만, 그 나뉜 언어를 통해 진정한 소통이 가능하게 되었다. 바벨탑 때는 하나님이 언어를 나누시자 사람들이 흩어지는 결과가 나타났지만, 이번에는 흩어졌던 사람들이 한자리에 모여 하나가 되는 결과가 나타났다.

완성될 하나님 나라의 비전

마지막으로, 다민족, 다언어, 다문화로 이루어진 글로벌한 예배는 천국에서 드릴 영원한 예배의 그림자다. 요한계시록 7장에서는 구원받은 하나님의 백성이 보좌에 앉으신 하나님과 어린양을 종려나무 가지를 들고 예배하는 장면이 소개된다.

> "이 일 후에 내가 보니 각 나라와 족속과 백성과 방언에서 아무도 능히 셀 수 없는 큰 무리가 나와 흰옷을 입고 손에 종려 가지를 들고 보좌 앞과 어린 양 앞에 서서 큰 소리로 외쳐 이르되 구원하심이 보좌에 앉으신 우리 하나님과 어린 양에게 있도다 하니" 계 7:9-10

이것은 성경이 보여 주는 완성될 하나님 나라의 비전이며 천상의 예배의 모습이다. 하나님의 나라가 인종과 국적, 언어와 문화를 초월한 하나님의 백성의 모임이라는 것이다. 또

한 이 비전을 통해 하나님은 백성을 하나의 민족, 언어, 문화로 통폐합시키지 않으시며, 하나님의 모든 백성이 각자의 고유한 민족성, 언어, 문화를 끝까지 보존한 채 다양한 모습 그대로 하나님을 예배할 것임을 알 수 있다.

그런데 그 놀랍고 영광스러운 미래를 다문화 교회의 글로벌한 예배를 통해 지상에서 미리 경험할 수 있다. 한번은 예배 중에 우리 멤버들의 출신 언어인 한국어, 영어, 따갈로그어, 타밀어(인도), 줄루어(남아공), 스페인어로 다같이 찬양을 드린 적이 있다. 흡사 천국 예배 맛보기 현장이었다. 천국은 하나님의 백성이 보좌에 앉으신 이와 어린양을 각 나라의 언어로 끝없이 예배하는 곳이다. 그곳에는 지상의 교회와 달리, 언어나 문화적 차이로 인한 오해와 갈등이 없다. 다문화 교회처럼 다양한 인종과 언어와 문화를 가진 사람들이 모여 서로의 다름을 기뻐하며 하나 되어 하나님을 예배하는 곳이다. 다문화 교회는 그 좋은 천국에서 드려지는 영원한 예배를 미리 맛보고 경험하는 일종의 '천국 시식 코너'이자 '천국 모델 하우스'가 될 수 있다. 천국의 예배를 가장 많이 닮은 모습이 바로 다양한 인종이 다중 언어로 드리는 다문화 교회의 예배다.

인도의 선교사이자 교회 성장학자였던 도널드 맥가브란Donald Anderson McGavran은 '동일 집단 원리'Homogeneous Unit Principle를 주장했다. 서로 다른 그룹끼리 있으면 불편하고 넘어야 할 장벽이 많기 때문에, 교회 성장과 선교의 열매를 맺으려면 인종, 민족, 문화, 언어, 사회경제적 수준 등이 동일하거나 비슷한 집단들을 대상으로 사역을 해야 한다는, 선교 현장에서 이미 검증된 이론이다.

정말 그렇다. 사람은 누구나 편안한 환경에 머무르고 싶어 하고, 나와 동일한 민족, 언어, 문화 집단에 소속되고 싶어 한다. 누구도 자발적으로는 민족적, 언어적, 문화적, 사회경제적 경계를 넘어서고 싶어 하지 않는다. 불편하기 때문이다. 초대 교회 신자들도 박해를 당한(행 8장) 후에야 비로소 예루살렘을 벗어나 사마리아와 타 문화권 선교를 시작하지 않았는가? 이렇게 자신의 민족과 언어와 문화의 경계를 넘어서는 다문화 사역은 현실적으로 참 어렵고 불편한 길이다.

하지만 우리가 추구해야 할 최종적인 목표이자 궁극적인 비전이 '교인 수 증가'나 '교회 성장'일까? 언어와 문화적 장벽 때문에, 사역의 효율성이나 편리함 때문에 하나님의 백성이 나뉘어 따로 예배드리고 따로 교제하는 것이 정말 성경적이라고 할 수 있을까? 우리가 진정으로 추구해야 할 교회의 모습은 '하나님 백성의 하나 됨과 연합'이다. 불편하더라도, 예배 시간이 길어지더라도 함께 예배드려야 한다. 그것이 예수님의 간절한 소원이고 십자가를 지셨던 이유다. 예수님이 승천하신 후 오순절 날 성령께서 강림하신 이유다. 그렇다면 인종과 국적, 언어와 문화를 초월해서 하나님의 백성이 하나

되는 이 다문화 교회의 사역은 참으로 의미 있고 가치 있는 일이라고 할 수 있다.

다양한 민족과 언어와 문화의 사람들이 함께 주님의 몸을 이루어 가는 일은 매우 느리고 불편한 일이다. 우리 교회 주일 예배 때는 한국인과 외국인이 각각 익숙하지 않은 언어로 찬양을 부르고 설교를 들어야 하기 때문에, 모두가 외국인이 되고 외국에 와 있는 것 같은 불편한 경험을 한다. 특히 한국인들은 내 나라에서 외국인이 된 듯한 경험을 하는 것이 더 불편하다. 특히 중대형 교회가 제공하는 각종 편의 시설과 영적 서비스 등에 익숙해진 분들은 우리 교회에 정착하기가 더 어렵다.

하지만 교회는 편리함이나 효율성을 최고의 가치로 추구하는 곳이 아니다. 또한 관심이 비슷하고 편한 사람들끼리만 모이는 동호회나 소셜 클럽이 아니다. 오히려 교회는 복음 안에서 기꺼이 불편함을 감수하는 곳이다. 서로 간의 인종적, 민족적, 언어적, 문화적, 정치적, 사회경제적, 세대적 차이와 장벽을 넘어서서 사랑 안에서 하나 되기를 힘쓰는 곳이다. 교회는 세상에 존재하는 집단과는 다른, 천국의 모습을 그대로 보여 주는 모델 하우스가 되어야 한다.

이렇게 느리게 가더라도, 불편하더라도 같이 가는 것의 가치를 알고, 성경적 교회상을 꿈꾸는 이들이 우리 교회의 멤버가 된다. 우리는 가족이 되어 나와는 다른 사람들과 함께 그리스도의 몸을 느리지만 견고히 세워 가는 중이다. 느리고 불편할지라도 기쁨으로 동행하며 그리스도 안에서 함께 지어져 가고 있다.

    그 길을 계속 걸어가야 하는 이유는 예수 그리스도께서 우리를 구원하시기 위해 우리보다 앞서 걸어가셨기 때문이다. 그분은 그 길을 억지로가 아닌 기쁨으로 걸어가셨다(히 12:2). 우리의 믿음의 주요 온전하게 하시는 분이신 그 예수를 바라보자.

17
다문화 사역의
장애물과 해결책[4]

　　다문화 교회 사역을 하다 보면 보람과 기쁨을 느낄 때가 많지만, 그에 못지 않게 어려움도 많다. 일단, 후원에 의존해야 하기 때문에 재정적으로 불안정하다. 교회 구성원들 사이에서 문화 차이로 인한 오해와 갈등도 빈번히 일어난다. 이주민들이 처한 여러 현실적 상황으로 인해 사역을 지속적으로 할 수 없다. 그리고 다문화 개척 교회 목사를 바라보는 시선이 때로 나를 힘들게 할 때도 있다.

　　하지만 다문화 사역의 열매를 가로막는 가장 큰 장애물은

---

[4] 이번 장은 팀 켈러, 『팀 켈러의 탕부 하나님』, 윤종석 옮김(서울: 두란노, 2016), 『복음 안에서 발견한 참된 자유』, 장호준 옮김(서울: 복 있는 사람, 2024), 『팀 켈러의 센터처치』의 첫 번째 파트인 "복음" 편을 참고했다.

자기 의self-righteousness와 교만이다. 이는 '내 문화 방식이 더 뛰어나다, 내가 옳다, 내가 더 낫다'고 하는 문화적, 도덕적, 영적 우월감이며, 인종적, 문화적 차별 의식이다. 이 우월감과 차별 의식은 종교적 열심이 가득하고, 강한 책임감과 주인의식을 가지고 교회에서 헌신적으로 봉사하는 한국인들에게서 많이 나타난다. 그리고 목회자인 나 자신에게서 가장 자주, 가장 많이 발견된다. 그래서 나는 다문화 교회의 가장 큰 어려움이 무엇이냐고 묻는 분들에게 주저 없이 이렇게 대답한다.

"저 자신이요. 저 때문에 가장 힘들어요."

개척 초기에 나는 많은 실수를 했다. 한국에서 자라서 사역하다 보니, 한국 교회의 전통과 방식이 내게는 가장 익숙했다. 물론 한국 교회 안에는 좋은 전통들도 많지만, 이주민들에게는 그 방식이 어렵고 때로는 거부감을 줄 수 있다는 점을 충분히 고려하지 못했다. 나는 마치 한국 교회의 시스템과 사역 방식이 가장 우월하고 옳다는 태도를 가지고, 다른 문화에서 온 교역자들과 리더들에게 내 방식을 따라 달라고 요구했던 적도 있었다. 본의 아니게 그들에게 열등감과 죄책감을 심어 주었던 것은 아닌지, 그들에게 '그리스도인'이 아닌 나와 같은 '한국인'이 되라고 강요한 것은 아닌지 반성하게 된다.

이것은 나만의 문제가 아니었다. 봉사하려는 열심을 가지고 우리 교회에 온 한국인 멤버 중 일부도 나와 비슷한 실수를 반복했다. 교회에 와서 새가족반 교육을 받고 수료하면서는 교회의 질서를 따르고 목회자의 권위를 존중한다고 다짐하고 선언하지만, 시간이 지나면서 교회의 리더십이나 의사소통 구조, 사역 방향 등에 대해 판단하기 시작한다. 그들의 판단 기준은 성경이나 우리 교회의 비전, 문화가 아니었다. 그 기준은 이전에 다녔던 교회나 선교 단체, 심지어 회사나 직장에서의 시스템과 운영 방식이었다. 그리고 때로 그들은 "목사가 틀렸다"거나 "자격이 없다"며 공개적으로 비난하기도 했고, 없는 사실을 만들어 소문을 퍼뜨리기도 했다.

교회의 목회자들은 드러나지 않는 부분에서도 많은 수고와 희생을 한다. 그러나 몇몇 분들은 단지 숫자로 드러나는 부분만 보고 목회자가 일을 제대로 하지 않는다며 불만을 표현했다. 또한 그 불만을 십일조를 내지 않는 것으로 표출하거나, 교회의 운영 방식을 지적하고, 사역자들에게 지시하면서 마치 자신들이 목회자의 월급을 주는 사장이라도 되는 듯 주인 행세를 하기도 했다.

나는 성도들 모두에게 교회와 사역에 대해 주인 의식을 가지는 것은 중요하지만, 주인 행세를 하지는 말자고 여러 번 말했다. 그리고 교회 재정이 어려울 때면 지금까지도 하나님께서 우리의 필요를 부족함 없이 채워 주셨으니 내년 예산도 하나님의 은혜와 공급을 믿자고 부탁했다. 하지만 그런 나를 성도들에게 헌금을 강요하는 목회자로 몰아가며, 이단이나 사이비와 다를 바 없다며 공동체 앞에서 조롱하고 망신을 주는 분들도 있었다.

이런 갈등은 우리 교회만의 문제가 아니다. 미국, 호주 등의 나라에서 현지인과 한국인이 함께 다니는 교회를 목회하는 목회자들도 비슷한 경험을 했다고 한다. 일부 한국인들은 현지인들을 중심으로 세워진 현지 교회에 찾아가 기존의 시스템이나 문화, 운영 방식을 비판하고 자신들이 편한 방식으로 바꾸려고 시도했다고 한다. 교회의 의사 결정에 영향을 미치거나 주도하려고 하고, 그들의 뜻대로 되지 않으면 소란을 피우거나 교회를 떠났다고 한다.

나이 문화에서도 갈등이 있었다. 영어 멤버들은 나와 나이가 비슷하거나 어렸지만 한국 멤버들은 대부분 나보다 나이가 많았다. 나이와 상하 관계를 중시하는 한국 문화에서는 자신보다 젊은 목회자의 권위와 지도를 인정하는 것이 쉽지 않은 것 같다. 어떤 분들은 때로 목회자들과 사모를 가르치고 통제하려는 태도를 보이기도 했다.

물론 나이와 인생 경험이 풍부한 분 중에서도 겸손하게 배우려는 분들이 많다. 내 부모님 연배의 분들이 경청하며 배우려는 모습은 정말 존경스럽다. 하지만 때로는 그렇지 않은 경우도 있다.

이는 단지 다문화 교회에만 국한된 문제가 아니다. 여러 개척 교회에서도 비슷한 일들이 자주 발생한다. 그래서 나는 이주민들이 있는 공동체나 개척 교회와 같은 작은 교회로 가려는 분들에게 꼭 부탁하고 싶은 것이 있다. '개척 교회 섬겨 주러 가야지', '가서 내가 좀 가르쳐 주어야겠다'라는 마음이 아니라, '진정한 교회가 무엇인지, 진정한 가족 공동체는 어떻게 이루어지는지를 배우러 가야지!' 하는 겸손한 마음을 가졌으면 좋겠다. 교만과 자기 의, 우월감의 태도를 버리기를 바란다. 그렇게 하지 않으면 자신뿐 아니라 공동체도 망가뜨리기 십상이다.

팀 켈러가 말했듯이, 교만과 자기 의, 우월감은 우리의 영혼을 갉아 먹는 심각한 암 덩어리가 될 수 있다. 그런 마음은 자신의 문제는 보지 못한 채 남을 비난하게 하며, 공동체를 분열시킬 뿐 아니라 결국 자신이 공동체를 떠나는 것으로 이어진다. 교회를 떠나면서도 자신이 떠나야 하는 명분과 정당성을 얻기 위해 목회자나 사모를 비난하는 일을 멈추지 않는다. 사실 타인을 비난하는 것은 자신 안에 있는 교만과 자기 의, 숨은 우상과 영적 그림자의 문제를 회피하고 감출 수 있는 가장 쉬운 핑계에 불과하다. 이것이 바로 자기 의로 가득 찬 교만한 사람들에게서 공통적으로 나타나는 모습이다.

그렇다면 우리 안에 이런 뿌리 깊은 문제, 즉 율법주의로부터 파생되는 교만과 자기 의, 인종적, 문화적, 종교적 우월감과 같은 문제에 대한 해결책은 무엇일까? 어떻게 해야 개인을 망가뜨리고 공동체를 분열시키는 이 죄의 뿌리를 뽑을 수 있을까?

팀 켈러는 그 해답을 '복음'이라고 제시한다. 복음은 모든 것을 변화시킬 수 있다. 복음만이 우리를 진정으로 겸손하게 만들 수 있다. 복음만이 우리 안에 있는 교만과 인종적, 문화적, 도덕적, 영적 우월감, 인종 차별, 열등감과 자기 비하, 자기 연민과 자기혐오를 뿌리뽑을 수 있다. 복음만이 가족이나 이웃보다 더 소중히 여기며 지키려고 하는 나의 자존심, 명예, 체면, 인정 욕구와 같은 내 안의 영적 우상을 제거할 수 있다. 복음만이 내가 하나님께 소중하고 가치 있는 만큼 다른 사람도 그분께 소중하고 가치 있는 존재로 여길 수 있게 만든다.

복음만이 나를 겸손하게 하여 나를 피해자가 아닌 죄인으로 보게 만들고, 서로의 차이를 틀림이 아니라 다름으로 인정하며 존중하게 한다. 복음만이 내게 상처와 피해를 준 이들을 진정으로 용서하고 사랑하게 해 준다. 복음만이 나와 맞지 않는 사람을 나를 더 예수님 닮게 만들어 주는 성화의 도구로 바라보게 해 주며, 궁극적으로는 그 존재를 허락하신 하나님께 감사하게 만든다. 복음만이 도무지 용서할 수 없는 사람을 용서하게 하고, 도무지 사랑하기 어려운 사람을 사랑하게 하며, 도무지 감사할 수 없는 상황 속에서도 감사하게 만든다. 복음만이 우리를 구원할 수 있고 진정으로 자유롭게 할 수 있다.

따라서 나는 확신한다. 열매 맺는 건강한 다문화 교회가 되기 위해서는 복음이 핵심 요소다. 먼저, 설교하는 목회자가 스스로에게 복음을 선포해야 한다. 그리고 목회자의 삶과 인격을 통과한 복음이 성도들에게 선포되어야 한다. 복음이 우리 자신 안에 내면화되어야 한다. 강단에서 선포되는 메시지뿐 아니라, 우리의 모든 관계, 만남, 대화, 사역의 중심에 복음이 자리 잡아야 한다. 철저하게 복음을 내면화하고 자신에게 적용한 사람, 내면의 숨은 그림자와 우상을 복음의 능력으로 제거하고 교만과 자기 의를 극복한 사람, 예수 그리스도께서 구사하시는 겸손과 온유, 존중, 용납과 환대, 그리고 이타성이라는 복음의 언어를 모국어처럼 자연스럽게 구사하는 사람이 다문화 교회의 목회 사역자와 직분자가 되어야 한다.

열매 맺는 다문화 교회가 세워지기 위해서는 먼저 복음 중심적인 교회가 되어야 하기 때문에 우리 교회는 "Believing"(신앙 갖기)을 두 번째 비전으로 정했다. 복음이 우리의 모든 사역과 관계의 중심에 위치할 때, 누구도 우월감이나 열등감을 갖지 않을 수 있고, 누구나 있는 모습 그대로 용납받고 환대받는, 차별과 편견 없는 다문화 교회가 될 수 있다. 서로 다른 사람들이 인종, 국적, 문화, 언어 등의 차이를 초월해서 함께 걸어가는 다문화 교회의 여정은 너무나 불편하고 더디고 어렵다. 하지만 불가능한 것은 아니다. 복음에는 모든 것을 변화시키는 능력이 있다. 우리는 불편하고 더디고 어려운 길을 그 복음으로 말미암아 헤쳐 나가고 있다.

18
주일 오전 11시, 모두가 하나 되는 시간[5]

　복음을 알고 믿는 것과, 복음에 합당하게 사는 것은 또 다른 문제다. 사도행전 10장에서, 하나님께서는 베드로에게 나타나 그를 데리러 온 사람들과 함께 이방인 백부장 고넬료에게 가라고 말씀하셨다. 유대 전통에서는 유대인이 이방인과 교제하면 부정하다고 여겨졌고 이는 위법이기까지 했다. 주님의 환상과 말씀이 없었더라면 베드로는 고넬료에게 가지 않았을 것이다. 또 갈라디아서 2장에는 바울이 베드로를 책망했다는 기록이 있다. 베드로가 이방인과 식사하다가 할례자들이 오자 그들이 두려워서 그 자리

5　이번 장은 팀 켈러, 『팀 켈러의 정의란 무엇인가』, 최종훈 옮김(서울: 두란노, 2012)를 참고했다.

를 황급히 떠났기 때문이다. 그것은 분명 하나님의 시선보다 사람들을 더 의식한 행동이었고, 복음으로 형제가 된 이들에 대한 명백한 차별이었다.

생각해 보라. 베드로가 어떤 사람인가? 예수님의 가장 가까이에 머물면서, 누구보다 복음을 많이 듣고 경험한 사람이 아닌가? 복음에 있어서 전문가가 아니었던가? 하지만 복음을 알았고 믿었던 그도 복음에 합당한 삶의 열매를 맺지 못했다. 할례받지 못한 이방인을 부정하게 여기며 종교적, 도덕적 우월감과 차별의 태도로 하나님의 형상을 지닌 사람을 대했다. 복음을 머리로만 이해했지, 자신의 성품에 내면화하지 못했다. 타인과의 관계에 적용하지 못했던 것이다.

복음에 합당한 열매를 맺지 못하는 대표적인 모습이 바로 '차별'이다. 또한 다문화 교회에서 가장 주의하고 민감하게 다룰 부분도 차별이다. 우리 안에는 인종적, 문화적, 도덕적 차이가 존재하지만, 그 차이로 인해 누군가에게 특혜를 주거나 불이익이 가게 해서는 안 된다. 그런데 문제는 차별을 하는 사람들은 스스로 남을 차별한다는 생각조차 잘 못한다는 것이다. 대놓고 차별하는 사람보다, 자기도 모르게 무의식적으로, 은근히 차별하는 사람이 더 위험하다. 자신은 이웃을 배려하고 선을 행한다고 하면서 계속 상처를 주기 때문이다.

한국 사회나 한국 교회에서는 차별을 하겠다는 명백한 의도를 가지고 누군가를 차별하는 사람은 거의 없을 것이다.

대부분 자신은 차별과는 거리가 멀다고 자신한다. 하지만 좋은 목적과 의도로 남을 돕고자 한 일이 상대방에게는 상처가 되고 차별이 되기도 한다.

예를 들면, 이주민들을 '당연히' 도움과 섬김의 대상, 구제와 선교의 대상으로 대하는 것이다. 그리고 동정과 연민의 눈으로 바라보는 것이다. 형편이 어렵다고 미루어 짐작해서 회비를 면제해 준다든지, 전혀 필요하지도 않은 물품을 주거나, 자신의 단체를 홍보하려고 부피만 큰 선물을 들고 오기도 한다. 그럴 때 이주민들은 그들의 포교 대상으로, 홍보 수단으로 전락해 버린다. 비인간화와 대상화의 경험을 하게 되는 것이다. 이것이 남을 돕는다고 한 일이 오히려 상대방에게는 상처가 되는 경우다.

교회 안에서 차별이 쉽게, 그리고 자연스럽게 일어날 수 있는 자리가 있다면 어디일까? 놀랍게도 '주일 예배'다. 웨스트민스터 신학교에서 총장을 역임했던 에드먼드 클라우니 Edmund Prosper Clowney는 이렇게 말한다.

"인종 차별은 범교회성을 부정하는 것이다. 오래지 않은 과거에, 미국의 백인 교회들은 흑인 예배자들을 막기 위해 '인종 경찰'을 두곤 했었다."[6]

교회는 가장 인종 차별이 없는 공동체이어야 하는데, 복

---

6   팀 켈러, 『팀 켈러의 센터처치』, 776.

음을 외치던 미국 교회에서 인종을 분리하는 일들이 매우 자연스럽게 행해졌다. 주일 오전 예배 시간만 되면 각 교회가 흑인과 백인으로 분리되어 예배를 드렸던 것이다. 흑인 인권 운동에 앞장섰던 마르틴 루터 킹 주니어^(Martin Luther King Jr.) 목사는 이런 말을 남겼다.

"미국에서 가장 인종 차별이 심한 시간은 바로 주일 오전 11시다."

한국 교회도 이주민을 은근히 차별하는 경우들이 있다. 외국어 예배부가 있는 대부분의 중대형 교회에서는 이주민들을 한국인 성도들이 예배드리는 본당이 아닌 비전 센터 또는 선교 센터와 같은 곳에서 따로 예배를 드리게 한다. 물론 그렇게 하는 데에는 여러 가지 실용적이고 문화적이고 사역적인 이유들이 있다. 나름 좋은 의도를 가지고 배려하려는 차원도 있다.

하지만 이주민들의 입장은 어떠할까? 그들 중 상당수는 본당에 들어가 한국인들과 함께 예배드리지 못하는 것에 아쉬움과 박탈감을 느낀다고 한다. '우리는 하나님 나라의 2등 시민인가? 한국인보다 열등한 성도인가?'라는 생각이 들고, 어떤 벽이 느껴진다고도 한다.

특히 '선교 주일'이나 '이주민의 날'과 같은 특별 이벤트 때는 그러한 생각이 더 든다고 한다. 1년에 한 번 이벤트 날에는 한국인 성도들과 공식적으로 본당에서 예배를 드리는

데 이날 이주민 성도들은 자기 나라의 전통 의상을 입고 국기를 흔들며 입장한다. 그리고 한국인 성도들 앞에서 연극이나 특송과 같은 전통 공연을 선보인다.

이 행사는 누구를 위한 날인가? 많은 교회가 이주민의 마음을 깊이 생각해 보지 않고 자신들을 위한 행사를 진행한다. 이주민들은 한국인들에게 보여 주기 위해 부스를 설치하고 공연을 해야 한다. 이를 준비하는 과정에서 한국인 봉사자들과 마찰을 빚기도 한다. 과연 이것이 진정 이주민을 위한 날일까? 우리가 믿는 복음에도 합당하지 않은 모습이다. 한국인과 이주민의 관계를 단순히 주인-손님의 관계로 보아서는 안 된다. 호의와 배려라는 이름으로 그들을 더 이상 분리하지 말고 우리와 동등한 권속이자 시민으로 대하자.

회중을 나누어 주일 예배를 따로 드리려고 했던 시도는 한국 교회 역사 속에도 있었다. 사무엘 무어Samuel F. Moore 선교사는 장티푸스에 걸린 백정 박씨를 치료해 주고자 왕의 주치의였던 에비슨 선교사를 데리고 왔다. 박씨의 병이 낫자 왕의 주치의가 백정을 치료해 주었다는 이 놀라운 소식을 들은 수많은 백정이 곤당골교회로 모여들었다. 하지만 그 교회에 출석하던 양반들은 신분 제도가 엄연히 존재하는데 천민인 백정들과 한 공간에서 같이 예배할 수 없다며 무어 선교사에게 자신들과 백정들 중 한 무리만 선택하라고 요구했다.

그러나 그는 그들의 요청을 거절했다. 그는 한 마리의 양도 포기할 수 없었으며, 복음에는 어떠한 차별도 존재해서는 안 된다고 믿었기 때문이다. 당시 양반들이 가진 영향력 등을 생각했을 때 그것은 결코 쉽지 않은 결정이었다. 결국 기분이 몹시 불쾌했던 양반들은 그곳을 떠나 홍문샛골교회를 세웠다. 하지만 화재로 홍문샛골교회가 전소되자, 교회를 떠났던 양반들이 다시 회개하고 곤당골교회로 돌아오게 되었고, 결국 양반과 백정이 함께 예배하게 되었다고 한다. 더욱 놀라운 것은 왕의 주치의였던 에비슨 선교사의 치료를 받은 백정 박씨가 나중에 그 교회의 장로가 되었다는 사실이다

어떻게 이런 일이 가능했을까? 오직 복음의 능력 때문이었다. 이 예화는 비록 신분의 차이를 넘어 연합을 이루는 복음에 대한 이야기지만, 다른 차이들도 마찬가지다. 복음 앞에서는 인종이나 국적, 언어나 문화, 신분이나 사회경제적 차이와 같은 장벽들이 무너진다. 복음이 분명히 선포될 뿐 아니라, 그 복음을 내면화해서 복음에 합당한 열매를 맺는 공동체에는 어떠한 차별도, 어떠한 우월감이나 열등감도 설 자리가 없다. 복음이 역사할 때, 우리의 모든 인간적 차이와 구별은 인정되지만, 차별과 분열은 사라진다.

우리 교회에 다니는 남아공 출신의 루시아 자매님은 교회를 이렇게 자랑한다.

"저는 울산에 살면서, 길을 가거나 버스를 탈 때도, 식당이나 마트에 가서도, 직장에 일하러 갈 때도 차별을 겪지 않

은 적이 없었어요. 어딜 가도 늘 불안하고 긴장해야 했어요. 하지만 우리 교회에서는 절대 그런 일이 없어요. 울산에서 유일하게 차별을 걱정하지 않아도 되는 곳이 우리 교회예요."

자국민들은 외국인들이 얼마나 차별을 받는지, 그리고 그 상황 때문에 얼마나 염려하고 두려워하는지를 충분히 이해하지 못한다. 그러나 적어도 복음이 중심이 되는 교회 공간에서만큼은, 주일 예배 시간만큼은 그들이 차별에 대한 두려움과 염려로부터 해방될 수 있는 시간, 안심할 수 있는 시간이 되게 해 주어야 한다.

『팀 켈러의 정의란 무엇인가』라는 책에서 팀 켈러가 한 말이다. "인종적 편견은 모든 인간이 똑같이 죄가 있으며 오직 하나님의 은혜로만 구원받는다는 원칙 자체를 부정하는 것이기에 잘못된 것이다."[7] 누군가를 향해 편견을 가지고 차별한다는 것은 우리가 믿는 구원의 교리를 부정하는 것이며 그 교리에 정반대되는 매우 나쁜 죄다. 나의 공로나 자격이 아닌 오직 하나님의 은혜로 구원을 받는다는 '칭의'justification의 교리를 확실하게 믿는 사람은 반드시 '정의'를 행하게doing justice 되어 있다. 은혜는 우리를 더 정의롭게 만든다.

또 팀 켈러는 복음의 능력으로 우리 안의 인종적, 민족적, 문화적 장벽을 넘어설 수 있다고 말한다. "교회를 통해 인종

---

7   팀 켈러, 『팀 켈러의 정의란 무엇인가』, 183.

의 벽을 뛰어넘는 파트너십과 우정을 이루는 것이야말로 복음의 임재와 권능의 증표라고 할 수 있다. 민족적이고 문화적인 정체성이 쓸데없다는 얘기가 아니라 더 이상 그것이 예수님 안에서 자신을 이해하는 주요 잣대가 될 수 없다는 말이다. 그리스도를 사이에 두고 맺은 연합은, 같은 인종이나 민족 구성원들 간의 관계보다 강력하고도 견고하다."[8]

그렇다. 교만이든 우월감이든, 나와는 다른 사람에 대한 차별이든, 그것을 치료할 수 있는 유일한 치료제는 복음이다. 복음이 선포되고 우리 모두에게 내면화될 때, 우리는 상대방을 대상화, 비인간화하지 않고 목적으로, 인격으로 대할 수 있다. 복음을 통해 우리는 인종과 국적, 언어와 문화의 차이를 넘어 한 가족이 되고 동등한 시민이자 하나님의 권속이 될 수 있다.

따라서 나는 확실하게 말할 수 있다. "복음이 중심이 되는 우리 교회로 인해, 울산에서 인종 차별이 가장 덜한 시간이 바로 주일 오전 11시"라고 말이다. 이 시간은 인종, 국적, 언어, 문화, 직업, 교육 및 경제 수준, 사회적 지위를 초월해서 모두가 하나 되는 시간이다. 주중에 세상과 일상 속에서는 이주민들이 각종 불안과 위협, 차별 대우를 받더라도 적어도 주일 예배 시간, 그리고 예배당 안에서만큼은 안심할 수 있

---

8 팀 켈러, 『팀 켈러의 정의란 무엇인가』, 181-182.

고 진정한 용납과 환대를 경험할 수 있어야 한다.

예수 그리스도의 복음이 우리 안에서 역사할 때, 예배당에서부터 차별과 혐오, 분열과 갈등이 사라지고, 게스트^{guest}였던 이주민들이 한국인들과 동등한 호스트^{host}의 지위를 얻을 수 있다. 그때 비로소 이주민들은 한국인들과 함께 그리스도 안에서 한 몸, 한 새사람, 한 인류를 이루고 하나님 나라의 동일한 시민이자 권속이 될 수 있을 것이다.

> "그러므로 이제부터 너희는 외인도 아니요 나그네도 아니요 오직 성도들과 동일한 시민이요 하나님의 권속이라 너희는 사도들과 선지자들의 터 위에 세우심을 입은 자라 그리스도 예수께서 친히 모퉁잇돌이 되셨느니라 그의 안에서 건물마다 서로 연결하여 주 안에서 성전이 되어 가고 너희도 성령 안에서 하나님이 거하실 처소가 되기 위하여 그리스도 예수 안에서 함께 지어져 가느니라" 엡 2:19-22

19
하나님의 플랜 A

다문화 교회 사역을 하면서 겪는 또 다른 어려움은 이별이 반복된다는 것이다. 대부분의 경우에는 서로 이별하는 시점을 미리 알아서 헤어짐을 준비할 수 있다. 하지만 가끔은 매우 갑작스럽게 이별해야 할 때도 있다. 특히 영어 멤버들이 건강 문제나 사고 때문에, 또는 조국에 있는 가족을 부양해야 하거나 근무하는 회사 상황 때문에 체류 기간을 넘겨 미등록 체류자[9]로 있다가 출입국 사무소의

---

[9] 체류 기간을 초과해서 국내에 체류하는 이들을 우리 사회에서는 '불법(illegal) 체류자'로 불러 왔다. 하지만 이 용어가 그들에 대한 사회적 비난과 혐오 의식을 사람들에게 심어 줄 수 있기 때문에 최근에는 '위법 체류자', '미등록(undocumented) 체류자', '체류 자격 위반자', '초과 체류자' 등으로 불러야 한다는 의견이 제기되고 있다. 이러한 주장에 대한 근거는 그들이 '형법'을 위반한 범죄자가 아닌 '출입국 관리법'이라는 (신호 위반, 속도 위반과 같은)

단속에 걸려서 갑자기 본국으로 떠나야 하는 경우다.

작년 10월에도 그런 일이 있었다. 우리 교회를 신실하게 섬겨 오던 필리핀 출신의 샤론 자매님과 레니 자매님이 출입국 사무소 단속에 걸려 본국으로 추방을 당하고 말았다. 작별 인사를 할 틈도 없었다. 감사하게도 나는 바로 다음 달 11월에 필리핀에서 샤론 자매님과 레니 자매님을 만날 수 있었다. "갑자기 귀국하게 되어 많이 놀랐죠? 그동안 어떻게 지냈어요?"라고 물었더니 샤론 자매님은 예상 밖의 대답을 했다.

"너무 좋아요! 사실 한국에 있을 때는 하루하루가 불안했고 두려웠어요. 언제 갑자기 잡힐지 몰랐거든요. 필리핀에 돌아오고 나니 마음이 너무 편하고 좋아요. 그동안 제 조카가 제가 보고 싶어서 제가 집으로 돌아오게 해 달라고 하나님께 간절히 기도하고 있었더라고요. 저는 갑자기 그런 일을 겪고 귀국해야 했지만, 그건 누군가에게는 기도 응답이었어요. 지금은 이렇게 된 게 오히려 더 감사해요. 이곳에서는 걱정 없이 편안하게 지내고 있어요."

정말로 놀라운 고백이었다. 정말 그렇다. 때로 우리는 인생에서 뜻하지 않은 일을 만나기도 한다. 사고를 당하거나 질병에 걸리거나, 계획했던 일들이 틀어지기도 하고, 원하지 않은 일을 갑자기 해야 할 때도 있다. 그럴 때 우리는 최상의

행정법을 위반했기 때문이라는 것에서 찾는다.

시나리오가 틀어졌고, 하나님도 어쩔 수 없이 우리 삶을 플랜 A가 아닌 플랜 B로 이끌어 가신다고 생각할 수 있다. 그러나 과연 그럴까?

그렇지 않다. 모든 것을 아시고 모든 것을 행하실 수 있는 주권자이신 하나님의 계획에는 결코 실패나 플랜 B가 없다. 그분께는 언제나 플랜 A만 있다. 우리의 실수나 실패 때문에 갑작스럽게 일이 생긴다 하더라도 하나님은 '아이쿠, 저런! 예상하지 못한 일이 생겼구나. 계획을 수정해야겠네'라며 놀라는 법이 결코 없으시다. 그분은 우리의 실패 때문에 자신의 계획을 플랜 B로 바꾸지 않으시고, 자신의 섭리 가운데 그것까지도 사용하셔서 여전히 플랜 A를 이루신다. 그분은 우리의 생각과 계획보다 훨씬 크신 하나님이시다.

빌립보서는 사도 바울이 복음을 전하다가 로마 감옥에 갇히게 되었을 때 쓴 편지다.

> "형제들아 내가 당한 일이 도리어 복음 전파에 진전이 된 줄을 너희가 알기를 원하노라 이러므로 나의 매임이 그리스도 안에서 모든 시위대 안과 그 밖의 모든 사람에게 나타났으니 형제 중 다수가 나의 매임으로 말미암아 주 안에서 신뢰함으로 겁 없이 하나님의 말씀을 더욱 담대히 전하게 되었느니라" 빌 1:12-14

바울이 감옥에 갇히자 어떤 이들은 바울의 복음 사역이 실패하고 말았다고 판단했다. 그러나 바울은 빌립보 교회 성도들을 위로하며, 오히려 이로 말미암아 복음 전파에 진전이 되었다고 고백한다. 감옥에 있는 이들에게 복음을 전할 수 있는 기회가 되었을 뿐 아니라, 바울이 감옥에 갇혔다는 소식을 들은 형제들이 더욱 담대하게 복음을 전하게 되었기 때문이다. 복음 사역이 몇 배로 확산된 것이다. 비록 바울은 감옥에 갇혔지만, 바울이 전한 복음은 결코 갇히지 않았다. 어떤 것도 하나님의 계획을 실패로 만들 수 없다.

구약성경의 룻기를 보면 나오미가 겪은 갑작스러운 고난이 묘사된다. 나오미는 행복을 꿈꾸며 남편과 두 아들을 데리고 모압으로 이주했다. 그러나 해외 이민 10년만에 사랑하는 남편과 두 아들을 모두 잃었다. 곁에 남은 사람은 자신과는 피 한 방울 섞이지 않은 두 모압인 며느리였다. 나오미는 고향 베들레헴으로 돌아가기로 마음먹었다. 행복할 것이라는 기대는 무너졌고, 실패와 좌절과 쓴 고통만 가지고 고향으로 돌아가게 되었다.

절망 가운데 있던 그녀의 인생에 며느리 룻이 동행하기로 결단하면서 반전이 시작된다. 룻은 엘리멜렉 가문의 기업 무를 자였던 보아스의 밭에 나가서 일을 하다가 여러 사건을 거쳐, 마침내 그와 결혼을 하게 된다. 두 사람 사이에서 태어난 오벳은 위대한 왕 다윗의 조상이고, 온 세상의 왕이자 교회의 기업 무를 자이신 예수님의 조상이기도 하다. 여인으로서 예수님의 조상이 되는 것만큼 영광스러운 일이 어디 있을까?

그런데 아이러니하게도, 이 모든 일은 나오미가 해외 이민 생활에서 아픔과 실패를 겪었기 때문에 일어난 일이다. 만일 그녀가 외국에 나가지 않았더라면, 거기에 조금이라도 소망이 남아 있었더라면, 그래서 뜻하지 않은 귀국을 하지 않았더라면 결코 일어나지 않았을 일이다. 하나님은 다른 방법으로 자신의 최선의 계획을 이루셨겠지만, 그녀를 통해서는 이루지 않으셨을지도 모른다. 그러나 하나님은 이스라엘 백성을 위한 최선만 아니라, 나오미와 룻 모두를 위한 최선을 이루고자 그녀를 선택하셨고, 그녀의 아픔과 실패를 사용하면서까지 하나님 자신의 플랜 A를 이루셨던 것이다.

우리 인생에도 내 뜻대로 되지 않아서 참 아쉬웠는데, 지나고 보면 내 시나리오대로 되지 않았기 때문에 오히려 더 잘된 일들이 참 많다. 내가 지금 다문화 교회 사역을 하고 있는 것도, 또 이 책을 쓰게 된 것도 내 삶의 중요한 순간마다 내가 최선이라고 믿었던 계획이 틀어졌기 때문이다.

20년 전, 나는 입대하려고 신체 검사를 받았는데 수전증으로 인해 4급이 나와서 병역 특례자가 되었다. 한 공장에서 외국인 근로자들과 일하게 되었고, 이 일이 계기가 되어 만 20세 청년이 교회에서 외국인 근로자들을 모아 놓고 영어 예배 사역을 개척하게 되었다. 그것이 내가 다문화 사역을 하게 된 첫걸음이었다.

2년 2개월의 군 복무를 마친 후, 영국에 어학연수를 가려고 계획을 세웠다. 하지만 비자가 나오지 않아 영국 대신 아프리카 카메룬에 TCK 선교사로 가게 되었다. 그 덕분에 왕복 항공비와 1년간 활동비, 체류비 등 비용 전액을 지원받았고, 영어 실력만 향상된 것이 아니라, TCK(제3문화 아이들)에 대한 폭넓은 이해와 경험도 쌓을 수 있었다. 지금 우리 교회 아이들이 다 TCK인데, 아이들과 부모들에게 TCK를 향한 하나님의 비전을 제시할 수 있게 된 것도 다 그때 어학연수를 가려고 했던 내 계획이 틀어진 덕분이다.

20011년에는 대학을 졸업하고 타 교단 신학대학원에 진학하려고 했는데 아버지의 설득으로 우리 교단인 고려신학대학원에 가게 되었다. 또 이듬해에는 대전에 있는 교회에 전도사로 가기로 되었지만 사정이 생겨서 울산에서 첫 사역을 시작하게 되었다. 고신 교단을 선택하고 울산교회에 온 덕분에 아내를 만났고, 세 자녀도 낳았다. 나는 해외 선교사를 꿈꾸었지만 아내가 해외 생활에 대한 두려움이 있어서, 국내에 머물러 이주민 선교와 도시 선교를 하게 되었다.

2018년에는 미국에서 유학을 마치고 돌아와 울산노회를 통해 교회를 개척할 뻔했다. 하지만 내 기대와 예상대로 잘 안 되는 바람에 울산노회가 아닌 울산교회를 통해 개척을 하게 되었다. 그래서 재정적 지원뿐 아니라 울산교회 성도님들의 기도와 후원까지도 받을 수 있었다. 그리고 그때 교회를 개척한 덕분에 사랑하는 시티센터교회의 성도님들과 자녀들을 만나게 되었고 그들에게 복음을 전하게 되었다.

교회를 개척하고 나서 지난 6년 동안 참 아픈 일들을 많이 겪었다. 코로나 기간에 육종암 판정을 받아 수술을 했고, 팔도 다쳤다. 허리 디스크가 생겼고, 이석증으로 어지러워서 1년 반 넘게 고생을 했다. 이석증이 심할 때는 강단에 서서 설교를 못할 정도였다. 사역을 하면서 성급한 판단으로 인해 실수도 많이 저질렀다. 교역자들이나 리더들과 갈등도 있었고, 몇 명은 떠나보내기도 했다. 여러 실패와 좌절로 잠 못 이루기도 했고, 눈물로 후회하며 자책하기도 했다.

그런데 지나고 보니 후회스럽고 아팠던 경험들이 있었기에 지금의 내가 이 자리에서 사역을 할 수 있게 되었음을 알게 되었다. 일어나지 않았으면 했던 일들, 만나지 않았으면 했던 사람들까지도 하나님께서는 다 사용하셔서, 나를 더 겸손하고 온유한 모습으로 빚어 가고 계셨던 것이다. 그리고 이를 통해 하나님의 높은 뜻과 선한 목적을 이루어 가고 계셨다. '그런 일들에도 불구하고'가 아니라, '그런 일들 때문에' 지금 나와 우리 교회의 모습에 이른 것이다. 하나님께는 어느 것도 버릴 것이나 불필요한 것이 없다. 모든 것이 하나님이 사용하시는 재료다. 인간의 상식과 지혜로는 이해할 수 없는 하나님의 오묘한 지혜이며 그분의 섭리다.

힘들었던 사건이나 관계가 좋지 않았던 사람에 대해 그 당시에는 감사하기가 참 쉽지 않았다. 하지만 시간이 지나고 복음으로 내 안에 치유와 회복이 일어나면서, 그러한 사건들과 사람들을 사용하셔서 내 삶 가운데 최선의 계획을 이루고 계시는 좋으신 하나님을 경험했기에, 이제는 그분의 선한 섭리와 주권적인 계획에 감사하고 기뻐할 수 있다. 애굽에 팔려 갔다가 총리가 된 요셉과, 복음을 전하려다 감옥에 갇힌 사도 바울처럼 말이다.

> "당신들이 나를 이곳에 팔았다고 해서 근심하지 마소서 한탄하지 마소서 하나님이 생명을 구원하시려고 나를 당신들보다 먼저 보내셨나이다 … 그런즉 나를 이리로 보낸 이는 당신들이 아니요 하나님이시라 하나님이 나를 바로에게 아버지로 삼으시고 그 온 집의 주로 삼으시며 애굽 온 땅의 통치자로 삼으셨나이다" 창 45:5, 8

> "우리가 알거니와 하나님을 사랑하는 자 곧 그의 뜻대로 부르심을 입은 자들에게는 모든 것이 합력하여 선을 이루느니라" 롬 8:28

그분은 우리가 인생에서 만나는 어떤 박해나 고난, 실패와 좌절의 상황을 통해서도 최선의 뜻과 최상의 시나리오를 이루신다. 그래서 하나님의 주권적인 섭리를 믿는 그리스도인의 인생에는 모든 것이 합력하여 선을 이루심을 믿을 수 있다. 하나님의 자녀들의 인생에는 오직 그분의 플랜 A만 이루어진다고 고백할 수 있다. 우리가 예배 시간마다 고백하는 것처럼, 하나님은 언제나 선한 분이시다. 우리의 생각보다 크신 분이시다. 내가 생각할 수 있는 것보다 훨씬 더 크고 더 좋은 일을 계획하고 이루시는 하나님을 바라보자. 그분을 신뢰하자.

"God is good! All the time!"

20
플랫폼 교회

　　이주민이 많은 우리 교회는 마치 매 역마다 승객들이 내렸다가 탔다가 하는 기차와 같다. 만남과 헤어짐, 헤어짐과 만남이 끝없이 반복된다. 그동안 고향으로 돌아간 영어 멤버들만 마흔 명 가까이 된다. 최근에는 너무나 아끼고 사랑했던 한국인 멤버 몇 가정이 교회를 떠났다. 즐겁게 같이 사역하면서 좋은 추억을 많이 쌓고 정도 듬뿍 들었던 분들이었다. 떠난 그 빈자리를 보며 허전함과 아쉬움을 느낄 때, 하나님은 또 다른 성도들을 그것도 더 많이 보내주심으로써 우리를 위로해 주신다. 한 명이 가면 두 명이 오고, 한 가정이 떠나면 두 가정이 온다. 이러한 패턴이 지난 6년간 반복되고 있다.

한 사람이 떠날 때마다 여러 생각이 든다. 큰 교회에서 수많은 성도와 함께 있을 때는 한 명의 빈자리가 이렇게 큰지 몰랐다. 부교역자의 자리에 있었을 때는 한 사람이 떠나는 것이 이 정도까지 아프지 않았다. 담임 목사가 되어 교회의 모든 일에 책임을 지다 보니 어느 것 하나 쉬운 것이 없다. 특히 성도들과의 이별은 여러 번 겪어도 익숙해지거나 담담해지지 않는다.

우리 교회는 선교지에 있는 현지 교회와 비슷하다. 짧게는 일주일, 길게는 몇 년, 계속해서 단기 선교팀들이 와서 열심히 예배하고 봉사하고 우리 교회 성도들과 교제하며 친분을 쌓지만 선교팀들은 시간이 되면 떠나 버린다. 한국에 돌아가면 연락하겠다고, 다시 또 찾아오겠다고 약속하지만 바쁜 일상 속에서 선교지의 교회는 잊히고 만다. 이러한 일들이 계속 반복되면 선교지의 사람들은 선교팀을 향해 마음을 열고 다가가기를 점점 어려워한다. 언젠가는 떠나 버릴 것을 알기에.

하지만 나는 아무 일 없었던 것처럼 계속 사람을 만나야 하고, 말씀을 전해야 하고, 목회를 이어 가야 한다. 한 번도 상처 받지 않은 것처럼 반갑게 그들을 맞으며 그 영혼들을 사랑해야 한다. 내게 맡겨 주신 소중한 사람들을 사랑하고 지키기 위해 또다시 힘을 내야 한다. 떠나려는 분들을 포기하지 않고 한 분이라도 붙잡으려 애쓰는 나를 보면서, 한 성도님이 이렇게 위로해 주셨다. "목사님, 아쉽지만 이제 그만 그분들 보내 드리시죠. 목사님은 할 만큼 하셨어요. 이제 남아 있는 양들도 챙겨 주세요."

그렇다. 때로는 길 잃은 한 마리의 양을 찾기 위해 아흔아홉 마리를 두고서라도 길을 나서야 하지만, 그렇다고 그 아흔아홉 마리의 양들을 방치할 수는 없다. 남겨진 양들에게도 목자가 필요하다. 남아 있는 사람들을 지키고 돌보고 사랑하기 위해, 다른 우리로 건너간 한 마리의 양을 마음에서 떠나보낼 줄도 알아야 한다. 그 양이 새로운 곳에서 영적인 꼴을 먹으며 신앙이 성장하기를 기도해 주며, 계속해서 내게 주어진 길을 묵묵히 걸어야 한다.

개척 교회를 목회하면서 한 영혼 한 영혼의 소중함을 더 깨닫게 되었다. 떠나지 않고 자리를 지키는 성도들의 존재가 당연한 것이 아님을 알게 되었다. 내가 실수했을 때 목회자가 어떻게 그럴 수가 있느냐며 따지는 대신, 내 부족함과 부끄러움, 밑바닥을 보고도 오히려 그런 목사님이 좋고 우리 교회가 좋다며 끝까지 남아 있는 한 명 한 명이 너무나 고맙다.

한 영혼이 교회를 떠날 때마다, 또 남은 성도들이 아쉬워하고 서운해할 때마다 주님의 심정을 생각하게 된다. 얼마나 많은 이가 주님을 오해하고 비난했는가? 그분이 베푸시는 기적을 체험한 후 그분을 왕으로 모시고자 열광적으로 따르던 수많은 팬이 모두 그분을 떠나갔다. 심지어는 주님과 3년간 동고동락하면서 그 역사의 현장들을 목도하고, 주님의 가르침을 가장 가까이서 들은 열두 명의 개척 멤버도, "모두 주를 버릴지라도 나는 결코 버리지 않겠나이다"(마 26:33)라며 호언장담했던 베드로까지도 모두 그분을 떠났다. 사람들의 눈에 그분은 분명 실패자였을 것이다. 제자들에게 "너희도 떠나려느냐?"(요 6:67)라고 물으셨던 주님의 심정을 조금은 이해할 수 있을 것 같다. 어쩌면 개척 교회와 다문화 교회라는 사역의 길로 나를 이끄신 것은 내가 주님을 더욱더 닮게 하시려는 주님의 뜻인지도 모른다.

큰 교회에서 부교역자로 계속 사역하고 있었다면 '다 내 실력과 노력 덕분'이라고 착각하며 나 잘난 맛에 살았으리라. 그러나 교회를 개척한 뒤로 수많은 실패와 좌절의 경험을 통해 모든 것이 하나님의 은혜임을 철저히 깨달았다. 내가 얼마나 부족하고 자격 없는 사람인지, 나의 바닥과 한계를 보고 나니, 이제는 '오로지 하나님 은혜 덕분, 동역자들과 성도들 덕분'이라는 고백이 절로 나온다. 과거에는 당연하게 여겼던 것들이 하나도 당연한 것들이 아님을, 자격 없는 자에게 베푸시는 하나님의 은혜임을 깨닫게 된 것, 이것이 교회 개척을 통해 체득한 가장 큰 깨달음이다.

평생 목회를 한 후 은퇴하신 어느 목사님의 고백이 떠오른다. 그분이 하나님이 자신을 목사로 부르신 이유가 "예수님의 사람으로 만들기 위해서"라고 하셨다. 목사라도 되지 않았다면 이렇게 기도하지 않았을 것이고 이렇게 하나님을 의지하지 않고 교만하게 살았을 것이라고. 이 고백의 의미를 조금은 알 것 같다.

하나님이 나를 이 교회의 목사로 부르신 이유도 동일할 것이다. 나를 통해 누군가를 바꾸시기 전에 나를 예수님 닮은 겸손하고 온유한 사람으로 바꾸시려는 것이다. 내 안의 뿌리 깊은 교만과 자기 의, 자기중심성으로부터 나를 구원하시기 위함이리라. 열정 가득한 20대 때는 새벽 기도회나 수요 예배에 잘 참석하지 않는 장로님들을 정죄하는 시선으로 바라보기도 했고, 십일조를 드리지 않는 집사님들이 이상해 보였다. '나라면 저렇게 살지 않을 텐데'라고 생각했다. 하지만 이는 내가 얼마나 이기적이고 교만하며 편하고 쉬운 길을 찾는 사람인지 몰랐기에 했던 착각이었다. 교회를 개척하고 담임 목회를 하면서 예전에 몰랐던 나의 죄와 자기 의, 교만을 깨닫게 되었고, 회개하지 않을 수 없었다.

목사가 안 되었더라면, 시티센터교회를 개척하지 않았더라면, 어쩌면 지금의 나는 존재하지 않았을 것이다. 지금처럼 내 안의 숨은 죄와 우상을 깨닫지 못했을 것이며, 지금처럼 말씀을 묵상하거나 기도하며 하나님의 은혜를 의지하지 않았을 것이다. 지금처럼 한 영혼의 소중함과 은혜의 가치를 깨닫지 못했을 것이며, 지금처럼 그리스도를 닮아 가지 못했을 것이다. 그리고 나를 향하신 하나님의 사랑의 크기와 깊이와 넓이와 무게를 이만큼 깨닫지 못했을 것이며, 그리스도의 희생의 고귀함과 가치를 지금만큼 알기는 어려웠을 것이다.

하나님은 모든 것을 합력해서 선을 이루신다. 우리 생각에는 불필요하거나 일어나지 않았으면 하는 일들, 만나지 않았으면 하는 사람들까지 사용해서 모두를 위한 최선의 계획을 이루신다. 우리를 향한 선하신 하나님의 계획은 우리가 다 이해하고 깨닫지 못하는 중에도 여전히 우리 안에서 이루어지고 있다.

성도들의 고백 3
나리 자매 _ 필리핀 | 결혼 이민자

하나님의 심정
제자 훈련 1강(요 2:1-11) 묵상문

제가 불신자와 결혼했을 때 오빠는 이렇게 말했습니다. "너는 하나님께 불순종했기 때문에, 앞으로 어떤 고난을 겪더라도 하나님께 불평할 권리가 없어."

14년 전, 저는 외국 땅 두바이에서 미래를 위해 일하느라 너무 바빴어요. 하나님을 경외하는 기독교 가정에서 자랐지만, 내가 하나님과 개인적인 관계를 맺는 것은 다른 문제였습니다. 당시 저는 일에만 집중하면서 살았습니다. 영적으로 길을 잃은 상태였어요. 성경을 읽지 않거나 주일 예배에 참석하지 않는 데는 항상 바쁘다는 핑계를 댔습니다. 일 때문에 주님께 시간을 드리지 못하는 저를 이해해 달라고 기도했습니다.

그로부터 몇 년이 지났을 때, 주변 사람들이 가정을 꾸려야 한다며 인생의 동반자를 찾으라고 권유했어요. 그때 제 남편을 만났지요. 저희 둘은 아랍에미리트 두바이의 석유 및 가스 산업 프로젝트에 관련된 일을 하고 있었어요. 프로젝트 매니저가 우리 둘을 연결해 주었어요. 아내가 필요했던 홀아비 남편과 결혼이라는 목적을 가진 제가 만나 마침내 결혼에 골인했습니다. 저는 제 진정한 신랑이신 예수 그리스도는 계속 무시한 채로 이 세상의 신랑에게만 의지하기 시작했습니다.

우리 가족은 그가 신자가 아니었을 뿐만 아니라 홀아비라는 사실에 무척이나 반대를 했습니다. 가족들이 저를 위해 울며 기도했지만 저는 제 뜻을 따랐습니다. 저는 남편과 결혼을 했고, 남편을 따라 한국으로 와서 살게 되었습니다. 저는 남편의 가족을 진심으로 존경했습니다. 그들은 불신자이지만 가족 중심적이었어요. 그들은 저를 따뜻하게 환영해 주었고 저의 신앙에 대해 친절과 존중을 보여 주었습니다. 그들은 제가 하나님을 예배하고 교회에서 형제자매들과 교제할 수 있도록 허락했습니다. 저는 이것이 하나님의 일하심과 개입이라고 믿습니다. 우리 가족의 기도의 결실입니다.

신앙과 문화가 다른 외국인 남편과 외국에서 사는 것은 결코 쉬운 일이 아니었어요. 하나님께서는 저에게 "너는 내가 필요하단다. 나 없이는 이 상황을 이겨 낼 수 없을 거야"라고 말씀하셨어요. 저는 하나님이 곁에 계시지 않다면 이집트에서 이스라엘 백성에게 어떤 일이 일어날지 상상해 보았습니다. 하나님 없이는, 반복되는 중노동과 노예 생활을 그들이 버티는 것이 쉽지 않았을 것입니다. 또한 마치 포도주가 떨어졌던 가나의 혼인 잔치처럼, 제 삶에는 기쁨이 없었습니다.

남편은 해외 출장이 잦았습니다. 그가 사별한 전 아내와의 사이에서 얻은 두 자녀의 보모 노릇이나 하려고 결혼했냐고 묻는 이들도 있었습니다. 하지만 제가 간증하고 싶은 것은 하나님은 결코 우리를 떠나지 않으시고 우리의 잘못에도 불구하고, 나의 불순종에도 불구하고 우리를 향한 사랑을 멈추지 않으신다는 것입니다. 하나님은 저를 이 교회로 인도해 주셨어요. 저는 그 당시 집에서 가까운 교회에 다니고는 있었지만 언어의 장벽 때문에 성도들과 깊은 교제를 나눌 수 없었고, 안타깝게도 그 교회에는 외국인이 한 명도 없었어요.

마침내 다문화 교회를 찾았을 때 정말 기뻤어요. 드디어 고향에 온 것 같았어요! 한국에서 집과 고향을 느낄 수 있는 교회를 찾은 것은 남편의 아이들을 어떻게 키워야 할지 하나님께서 저에게 알려 주신 방식이었어요. 먼저 남편에게 아이들을 교회에 데려가도 되는지 물어봤어요. 아이들이 교회 예배에 참석할 수 있도록 해 달라고 많이 기도했고 남편도 동의했어요. 하나님은 그분 자신의 목적을 이루기 위해 누구든지 사용하실 수 있습니다! 아이들이 어린이 주일학교에 다니기 시작했습니다. 한국인 성도들 사이에서 우리는 차별과 편견을 느끼지 않았고, 외국인 성도들도 우리를 사랑하고 소중히 여겨 주었어요.

내가 낳은 자식도 키우기 힘들겠지만 남편의 아이들을 키우는 것은 정말 쉬운 일이 아니었어요. 일단 언어가 통하지 않았어요. 저는 한국어를 하지 못했고, 아이들은 영어를 하지 못했어요. 서로 이해하지 못해서 얼마나 스트레스를 받았는지 몰라요. 포기하고 싶었어요. 주변에서도 네 아이도 아닌데 왜 그렇게 육아 스트레스를 받느냐며 너 자신을 먼저 생각하라고 충고를 하기도 했어요.

하지만 우리 교회 예배에 참석했을 때 저는 십자가의

메시지라는 전혀 다른 음성을 들었습니다. 목사님이 전해 주신 복음을 통해, 제 자식이 아닌 아이들을 키우면서 겪었던 어려움은 하나님께서 제 생명을 다시 얻기 위해 희생하신 것에 비하면 아무것도 아님을 깨달았어요. 그 복음 때문에 저는 겸손해졌습니다. 우리는 하나님의 친자녀가 아니고 입양된 자녀들임에도 그분은 우리를 사랑하셨어요. 친아들이자 외아들인 예수 그리스도를 우리를 위해 버리시고 희생시킬 만큼 우리를 돌보아 주셨어요. 제가 과연 누구이기에 그분이 저를 이처럼 사랑하고 돌보시는 걸까요? 저는 아무것도 아니었지만 그분은 저를 위해 일부가 아닌 전부를, 사랑하는 아들의 목숨까지도 내주셨습니다. 그분은 혼인 잔치에서 신랑을 위해 하신 것처럼 제 수치를 없애 주셨습니다. 저는 한국 성도님들이 아침마다 보내 준 묵상 나눔을 통해 하나님과의 친밀한 관계가 강화되었고, 삶의 어려움이 아닌 예수님께 시선을 고정할 수 있었습니다.

    제 자녀들은 예수님을 믿는 하나님의 자녀들로, 책임감 있는 어른으로 성장하고 있습니다. 부모로서 얼마나 감사한 일인지요! 모든 영광을 전능하신 하나님께 돌립니다! 그분은 우리 삶에서 일어난 모든 좋은 일의 이유이

십니다! 하나님은 여전히 저에게 모든 것을 의지하라고 가르치고 계십니다. 제가 주님께 언제 제 남편을 구원해 주실지를 물을 때마다 주님은 이렇게 대답하십니다. "네 남편이 나를 자신의 하나님과 구세주로 알게 되는 것은 너의 노력이나 선행 때문이 아니다. 그것은 오직 나에 의해서만 가능하다. 아내로서 남편에게 복종하고 가정에서 계속 나의 대사가 되어라. 나를 믿어라. 나는 스스로 있는 자다."

우리 하나님께 모든 영광을 돌려 드립니다. 아멘.

성도들의 고백 4

데이비드 형제 _ 인도 | 유학생

한국에서 경험한 하나님의 선하심

먼저 제 삶에서 하나님의 선하심과 은혜에 대해 나눌 수 있는 기회를 주신 하나님께 감사드립니다. 저는 코로나 19로 인한 팬데믹이 한창일 때 박사 학위를 받고자 고국인 인도에서 한국으로 왔습니다. 가족, 직장, 익숙한 모든 것을 떠나 언어와 문화가 낯선 나라로 가야 하고, 어떻게 될지도 모르는 상황이라 결정이 쉽지 않았습니다. 하지만 그런 의문과 걱정에도 불구하고 하나님을 신뢰하고 그분의 인생 계획을 따르라는 이끌림이 강하게 느껴졌습니다.

한국에 와서 학생 생활을 시작하고 몇 주 동안은 잘 지냈지만, 이후에는 아무런 지도나 도움 없이 프로젝트에서 성과를 내야 해서 힘들었어요. 저는 결국 6개월 만에 프로젝트를 그만두는 어려운 결정을 내려야 했습니다. 한 달 내에 일자리를 찾지 못하면 출국해야 했기에, 여러 기관에 제 전공과 관련된 자리가 있는지 알아 보았지만 저를 받아주겠다는 분은 딱 한 분밖에 없었습니다. 그분 덕분에 비자를 1년 연장할 수 있었죠. 한동안 그 교수님 밑에서 일했지만 예상치 못한 일들을 겪은 후 그만둘 수밖에 없었습니다.

10개월 내에 다시 일자리를 찾아야 해서 입사 지원서를 수없이 많이 제출했지만 모두 거절당했습니다. 그 이유 중 하나는 제가 한국어를 할 줄 모른다는 것이었습니다. 그럼에도 저는 하나님을 신뢰해야 했습니다. 제 인생의 광야에서 하나님이 저의 근원이시며 제가 꿈꾸거나 상상할 수 있는 것보다 훨씬 더 풍성하게 저를 인도해 주실 것을 알았기 때문입니다. 감사하게도, 당시 수원에서 다녔던 교회 공동체가 저를 위해 기도를 많이 해 주었습니다. 외국인으로서 교회를 통해 그리스도의 사랑을 느낄 수 있었던 것은 진정한 축복이었습니다.

비자 만료 기간이 다가왔지만 제 마음 깊은 곳에는 하나님께서 한국에서 저를 향한 목적이 끝나지 않았고, 상황이 어떻게 흘러가든 저를 끝까지 책임져 주실 것이라는 믿음이 있었습니다. 고국으로 돌아가는 비행기를 타기 3주 전, 저는 울산 과기원UNIST에 가서 면접을 보았습니다. 놀랍게도, 그곳에서 한 달 안에 입사하라고 연락이 왔어요.

울산으로 이사 온 지 4개월 정도 지났을 때, 전에 다니던 수원에 있는 교회의 한 성도님이 시티센터교회를 연결해 주었습니다. 처음 시티센터교회를 방문했을 때, 이곳이 하나님께서 제가 소속되기를 원하는 곳이고, 저는 여기서 가족처럼 지낼 사람들을 만날 수 있으리라는 느낌을 받았습니다. 시티센터교회는 '관계 중심의 사역'과 '섬김의 사역'에 중점을 두고 있었습니다. 또한 다양한 문화권의 사람들을 이끌 때 나타나는, 보이는 장벽과 보이지 않는 장벽을 극복하기 위해 최선을 다하고 있었습니다. 온 성도가 언어와 문화의 장벽을 넘어 한 지붕 아래서 한 가족이 되어 살아 계신 하나님을 예배하는 모습은 정말 아름다웠습니다. 또한 나와 같은 외국인들의 제안과 의견을 열린 마음으로 들어주고, 필요를 채워 주기 위해 최선을 다하는 목회자들의 모습도 인상적이었습니다.

이 간증을 준비하면서 성경 구절이 떠올랐습니다. "여

호와께서 사람의 걸음을 정하시고 그의 길을 기뻐하시나니 그는 넘어지나 아주 엎드러지지 아니함은 여호와께서 그의 손으로 붙드심이로다 … 의인들의 구원은 여호와로부터 오나니 그는 환난 때에 그들의 요새이시로다"(시 37:23-24, 39). 저는 제 이야기를 읽고 있는 여러분에게, 희망을 잃은 채 빛이 전혀 보이지 않는 터널을 지나갈지라도 주님은 그 고난의 때에도 여러분과 함께하며 끝까지 지키고 보호하실 것이라고 격려하고 싶습니다. 그분은 능력이 넘치십니다!

3부

Blessing의
공동체

"

이주민과 함께하는 선교를 위해서는 두 그룹에게
공동의 목표가 필요했다. '도시 선교'의 비전이다.
하나님은 우리가 살고 있는 도시에 복을 주시기 위해,
이 도시 안의 잃어버린 영혼들에게
복음을 전함으로써
도시 안에서 하나님의 나라가 확장되도록
한국인과 이주민을 선교의 파트너로 부르셨다.
이것이 우리 교회의 세 번째 비전이
"Blessing"(축복하기)인 이유다.
나는 설교나 강의를 통해
이 선교적 비전을 우리 교회 멤버들에게 공유하고
선교적 삶을 살도록 도전한다.

_ 본문 중에서

"

21
이주민과 함께하는 도시 선교[1]

한국 교회가 이주민 선교를 해 온 지 벌써 30년이 지났다. 이 선교는 크게 두 가지 모델로 진행되고 있다. 첫 번째 모델은 이주민을 '위한' 선교 mission for the migrants 로, 한국인 사역자와 한국인 봉사자들이 주도하는 한국인 중심의 선교다. 이 모델에서는 한국인이 선교의 주체가 되고, 이주민이 선교의 대상이 된다. 따라서 이주민을 '대상으로 하는' 선교 mission to the migrants 라고도 부른다.

두 번째 모델은 이주민에 '의한' 선교 mission by the migrants 로,

---

[1] 이 책에서 내가 '이주민 선교' 대신 '도시 선교'라는 표현을 선호하는 것은 '이주민 선교'라는 표현이 이주민을 단순히 한국인의 선교의 대상으로만 바라보게 만들 수 있기 때문이다. 이주민은 섬김이나 도움을 받기만 하는 존재가 아니라 선교의 주체이며 우리의 동역자다.

베트남인 교회, 중국인 교회, 태국인 교회, 러시아어권 교회 등 이주민 중심의 디아스포라 공동체가 자체적으로 진행하는 선교다. 소수의 한국인들이 존재하지만 여기서는 주로 이주민이 선교의 주체가 되고, 또 다른 이주민이 선교의 대상이 된다. 이 두 가지 모델은 사역의 주체는 다르지만, 한국인과 이주민이 교회의 동등한 구성원이자 파트너로서 교회의 봉사 및 의사결정에 참여할 수 없다는 점에서 사실 비슷하다고 할 수 있다.

분류	이주민을 위한/ 대상으로 하는 선교 (mission for/to the migrants)	이주민에 의한 선교 (mission by the migrants)	이주민과 함께하는 선교 (mission with the migrants)
주체	한국인	이주민	한국인과 이주민
대상	이주민	이주민	한국인과 이주민
사례 및 특징	한국 교회 내의 외국어 예배 부서, 한국 교회에서 이웃 이주민 교회를 돕는 경우	중국인 교회, 베트남인 교회, 국제 교회 등 디아스포라 이주민들로 이루어진 공동체(소수의 한국인 존재 가능)	한국인과 이주민이 동등한 위치에서, 동등한 멤버십을 가지고 한 공동체를 이루고 공동으로 협력

표 1. 이주민 선교의 다양한 모델

그러나 시티센터교회는 제3의 모델, 즉 이주민과 '함께하는' 선교 mission *with* the migrants를 위해 개척된 교회다. 한국인과 이주민이 따로 분리되거나, 일방적으로 한 그룹이 다른 그룹을 돕고 섬기는 공동체가 아니다. 한국인과 이주민이 함께 예배하고 교제하면서, 서로 돕고 섬기는 모델이다. 이 모델에서는 한국인과 이주민이 선교의 공동 주체host가 되고, 한국인과 이주민이 둘 다 선교의 대상guest이 된다. 한국인이 이주민에게, 이주민이 한국인에게, 한국인과 이주민이 함께 또 다른 한국인과 이주민에게 복음을 전할 수 있는 것이다.

이주민과 함께하는 선교를 위해서는 두 그룹에게 공동의 목표가 필요했다. '도시 선교'의 비전이다. 하나님은 우리가 살고 있는 도시에 복을 주시기 위해, 이 도시 안의 잃어버린 영혼들에게 복음을 전함으로써 도시 안에서 하나님의 나라가 확장되도록 한국인과 이주민을 선교의 파트너로 부르셨다. 이것이 우리 교회의 세 번째 비전이 "Blessing"(축복하기)인 이유다. 나는 설교나 강의를 통해 이 선교적 비전을 우리 교회 멤버들에게 공유하고 선교적 삶을 살도록 도전한다.

"여러분은 편리하고 빠르고 안전한 나라에 와서 복을 많이 누리고 있습니다. 여러분은 분명 복을 많이 받은 사람들입니다. 하지만 하나님께서 여러분만 복을 받고 끝내라고 여기로 보내신 것이 아닙니다. 여러분을 통해서 또 다른 이들, 즉 시댁 식구들과 직장 동료들과 여러분이 가르치는 학생들이 예수 그리스도의 복을 받게 하시려고 여러분을 여기로 보내셨습니다. 누군가에게 복이 되도록 하기 위해 여러분이 먼저 복을 받은 것입니다. 여러분은 이 도시의 복덩이이자 선교사입니다. 여러분이 살며 일하는 그곳이 바로 선교지입니다!"

"여러분, 전투함 안에 탑승한 사람들은 모두 전투에 참전 중인 용사들입니다. 미사일을 쏘지 않더라도, 빨래를 하거나 청소를 하고, 요리를 하고, 기계를 수리하고, 교육을 한다고 해도 여전히 전투에 참여하는 중입니다. 마찬가지로, 우리 시티센터교회는 울산이라는 도시를 선교하기 위해 도시 중심으로 파견된 선교함입니다. 이 선교함에 탑승한 여러분은 직접 복음을 전하지 않더라도 여전히 다양한 방법으로 선교 사역에 동참하고 있는 중입니다."

영어 멤버들도 조금씩 자신들을 이 도시의 선교사로 인식하며 다양한 선교적 활동에 동참하고 있다. 교회 학교 교사로, 어린이 돌봄으로, 예배 안내팀으로, 찬양팀과 미디어팀으로 섬기고, 청소를 하고 의자를 정리한다. 요리와 설거지를 하고, 또 때로는 길거리에 나가 찬양으로 버스킹을 진행한다. 또 믿지 않는 가정의 자녀들을 위한 영어 프로그램에 재능을 기부하기도 하고, 헌금과 후원으로 시티센터교회라는 선교함이 계속 유지되고 나아가도록 힘을 합치고 있다.

2022년 2월, 아프간에서 들어온 특별 기여자들과 그들의 가족 158명이 갑자기 울산으로 이주를 해 왔다. 우리 교회는 그들 중 세 가정과 연결되었다. 주일 예배를 마치고 성도들과 그들의 집으로 심방을 갔다. 그들은 아무런 준비도 없이 조국과 고향을 떠나야만 했고 친척들과 지인들과도 다 헤어져야 했다. 게다가 언어도 문화도 너무나 다른, 낯선 땅 대한

민국에 와서 부모와 자녀들이 정착하고 적응하는 어려움을 겪고 있다고 했다.

그 이야기를 듣고 난 뒤, 필리핀에서 한국으로 시집을 와서 살고 있는 아리안 자매님이 아프간 여성분의 손을 꼭 잡아 주며 이렇게 말했다.

"우리도 그 아픔 알아요."

다른 영어 멤버들도 고개를 끄덕였다. 동병상련이라고 했던가. 영어 멤버들은 그리운 고향과 조국을 떠나야 했던 아픔, 그리고 낯선 환경 속에서 적응하며 모든 것을 새롭게 시작하고 배워야 하는 그 서러움과 고됨을 누구보다 잘 이해하고 공감해 주었다. 어떤 한국인도 줄 수 없는 공감과 위로를 우리 영어 멤버들이 해 줄 수 있었다. 이들은 이후로도 아프간 가정들과 우정 관계를 맺으며 같이 소풍도 가고 조건 없는 환대와 사랑을 실천했다.

필리핀 출신의 근로자인 버헬 형제님은 경주 라이프그룹의 리더이자 미디어팀의 리더로, 울산교회 영어 예배부 때부터 10년 넘게 신실하게 교회를 섬겨 왔다. 하루는 형제님이 내게 상담을 요청해 왔다. 이야기를 들어 보니, 공장에서 한국인 과장님이 자신을 포함한 필리핀 근로자들에게 언어적, 신체적 폭력을 가한다고 했다. 너무 화가 나고 억울해서 자신도 똑같이 갚아 주고 싶지만, 그렇게 하지 않는 이유를 울면서 이렇게 말했다.

"우리 회사에 약 서른 명의 필리핀 동료들이 있어요. 그들 모두 제가 크리스천이자 시티센터교회 성도인 걸 알고 있어요. 그래서 감정에 치우쳐 행동할 수 없어요. 동료들에게 끝까지 좋은 크리스천의 본을 보여 주고 싶어요."

버헬 형제님은 자신이 잘 인내하고 지혜롭게 행동할 수 있도록 기도해 달라고 했다. 나는 복음을 따라 살려고, 주님의 영광을 가리지 않으려고 최선을 다하는 그리스도인의 모습을 보고 깊은 감명을 받았다. 그는 하나님이 자신을 이 도시와 회사의 선교사로 보내셨음을 확신하는 성숙한 성도였다. 결국 그의 삶의 모범을 통해 또 다른 열매가 나타났다. 같은 공장을 다니던 필리핀 형제가 그 버헬 형제님을 따라 신앙생활을 시작하게 된 것이다. 지금은 경주 채플의 핵심 멤버로 신실하게 교회를 세워 가고 있다.

이주민과 함께하는 선교, 이것이 룻기에서 보여 주는 하나님의 헤세드(인애와 친절)다. 하나님은 사사 시대의 영적 무질서와 타락으로 무너져 가고 있던 베들레헴과 이스라엘 공동체에게 헤세드를 베푸실 때 유대인이자 원주민이었던 보아스만 사용하지는 않으셨다(사실은 보아스도 여리고 성의 이주민 라합의 후손이었다). 모압 출신 이주민이었던 룻도 같이 사용하셨다. 룻은 오늘날로 치면 외국에서 이주한 외국인 근로자였고, 결혼 이주 여성이었다. 그녀는 전문가도 사역자도 아니었다. 지극히 평범한 여인이었고, 사실 그녀가 한 것이라고는 그저 시어머니를 잘 모시고, 나이 많은 유대인 남자 보아스와 결혼해서 아들 오벳을 낳아 잘 키운 것뿐이었다.

그런데 놀라운 사실은, 평범한 일상 속에서 하나님과 동행한 이주민 룻을 통해 이스라엘 역사상 가장 위대한 왕으로 존경받는 다윗이 나왔다는 것이다. 룻은 다윗의 증조할머니가 되었고, 다윗은 보아스와 룻의 결혼을 통해 이루어진, 소위 말하는 '국제결혼 가정' 또는 '다문화 가정' 4세대였다. 또 나아가서 룻은 온 세상의 구속자이신 예수 그리스도의 조상이 되었다. 이스라엘과 온 열방의 왕으로 오신 예수님의 족보에, 하나님의 나라 명예의 전당에, 이방인 여성이었던 그녀의 이름이 당당히 수록되어 있다. 그리고 궁극적으로 이주민 룻의 후손인 예수 그리스도를 통해 하나님의 헤세드가 온 인류에, 바로 나와 여러분 모두에게 미치게 되었다. 이만한 복덩이가 또 어디 있을까!

보아스와 룻이 하나 되어 연합할 때, 하나님의 헤세드가 이 땅에 이루어졌다. 이것이 내가 가진 '이주민과 함께하는 선교'라는 비전의 성경적 원형, 즉 룻과 보아스의 헤세드 미션이다.

아프리카 속담에 "빨리 가려면 혼자 가고, 멀리 가려면 함께 가라"는 말이 있다. 다른 문화의 사람들과 함께 걸어가는 여정은 더디고 불편할 수밖에 없다. 하지만 2인3각 달리기를 하듯 보조를 맞추어 걸어간다면 그 길을 더 즐겁게, 더 오래 갈 수 있다. 새롭게 시작된 다문화 사회에서는 이주민 선교의 새로운 패러다임이 필요하다. 한국인들이 주체가 되는 이주민을 '위한'for 선교나 디아스포라 이주민들이 주체가 되는 이주민에 '의한'by 선교를 넘어, 한국인과 이주민이 동등한 위치에서 서로를 도시 선교를 위한 파트너로 인정하면서 함께 걸어가는 이주민과 '함께하는'with 선교를 향해 나아가야 한다.

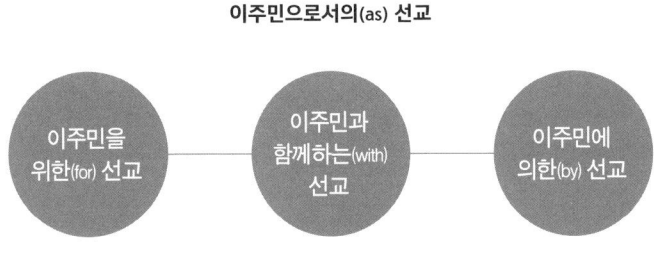

그림 2. 이주민 선교의 모델과 비전

한국인이건 이주민이건 관계없이, 모든 그리스도인은 세상의 복이 되기 위해 고향과 친척과 아버지의 집을 떠나 이 낯선 땅에서 친히 이주민이 되신 예수 그리스도 안에서 자신의 정체성을 발견하는 '영적 이주민들'spiritual migrants이다. 영적으로 우리는 아무런 차이가 없다. 한국인과 이주민이라는 구별과 차이를 넘어 그리스도인, 영적 나그네, 천국 시민권자라는 제3의 정체성 안에서 우리는 이주민들과 하나가 될 수 있고, 함께 걸어갈 수 있다. 이 제3의 정체성 안에서 연합할 때, 앞으로 한국의 이주민 선교는 궁극적으로 지향해야 할 이주민'으로서의' 선교$^{\text{mission as the migrants}}$를 수행할 수 있을 것이다.

22
도시 선교, 왜 해야 할까?[2]

"안녕은 영원한 헤어짐은 아니겠지요. 다시 만나기 위한 약속일 거야." 대중가요의 가사 일부다. 이주민 선교 현장에서 자주, 그리고 끝없이 겪는 것이 바로 이별이다. 2019년에 교회 개척을 한 후 지난 6년간 각자의 고향으로 떠나보낸 형제자매들을 세어 보니 마흔 명이 넘는다. 이주민 멤버들과 긴 시간을 함께 보내며, 그들을 말씀으로 양육하고 리더로 세우지만 언젠가는 떠나보내야 한다. 그들을 보내고 나면 얼마나 허전한지 모른다. 아무리 많이 떠나보내도 헤어짐은 결코 익숙해지지 않는다.

---

[2] 이번 장은 팀 켈러, 『팀 켈러의 센터처치』의 두 번째 파트인 "도시" 편을 참고했다.

하지만 떠나보낸다고 해서 이주민 선교 사역이 중단되는 것은 아니다. 어떤 멤버들은 조국으로 돌아간 뒤에도 매일 아침 ZOOM으로 진행하는 묵상 나눔 모임에 참여한다. 전 세계에 흩어져 있는 멤버들이 ZOOM으로 모여 온라인 홈커밍 데이와 패밀리 리유니언 행사를 열기도 하고, 그동안 교회 가족들이 보고 싶었다며 수년이 지난 후에 우리 교회를 다시 방문하기도 한다. 교통과 통신 기술의 발달 덕분에, 우리는 우리의 관계가 한국뿐 아니라 세계 각국에서도 계속 이어질 것을 믿는다. 그래서 우리의 작별 인사는 "Good bye!"가 아니라 언제나 "See you later!"다.

2024년 1월에는 필리핀 출신으로, 우리 교회에서 사역하고 있는 제이슨 강도사님의 결혼식이 있었다. 교회 가족들이 결혼식에 참석하기 위해, 또 필리핀에 있는 멤버들의 가정을 심방하기 위해 필리핀으로 비전 트립을 다녀왔다. 필리핀 전역에서, 또 해외에서 우리 교회의 옛 멤버들이 결혼식 장소로 찾아왔다. 영국에서 온 세실 자매님도 오랜만에 만나 근황과 간증을 들을 수 있었다.

"목사님, 제가 남편 따라 울산에 가서 살았을 때 얼마나 방탕한 삶을 살았는지 아세요? 일주일에 다섯 번은 타이 마사지와 스톤 마사지를 집에서 받을 정도로 호화롭게 살았고, 같은 아파트에 살던 한국인 여성분과 여러

번 밤새 술을 마시기도 했어요. 아무 목적도 의미도 없이 그 좋은 엑소디움 아파트에서 세월만 보냈어요.

어느 날 필리핀 가정의 초대를 받아 영어 예배부에 처음 가게 되었어요. 설교 시간에 목사님이 사마리아 여인에 대한 이야기를 들려주셨어요. 예수님이 그녀의 죄와 수치를 드러내셨고 그녀의 삶에서 무너진 질서를 바로잡으며 예배를 회복하시는 내용이었죠. 그런데 그게 바로 내 이야기인 것만 같아서 그날 펑펑 울었어요. 저는 주중 성경 공부 모임에 열심히 참여해서 하나님의 말씀을 다시 배우기 시작했어요. 그때 제 믿음이 많이 성장한 것 같아요.

그리고 시간이 많이 흘러, 지금은 영국에서 지역 교회를 섬기면서 ZOOM으로 성경 공부 모임을 세 개나 인도하고 있어요. 중보 기도팀에서 팀장으로 봉사도 하고 있구요. 저는 복음 때문에 행복하고, 주님께서 저를 복의 통로로 사용해 주셔서 너무 감사해요. 그런데 그거 아세요? 제 인생의 터닝 포인트는 울산에서 (시티센터교회의 전신인) 영어 예배부에 처음 간 날이었어요. 제가 한창 방황하고 있을 그때 교회가 거기 울산에 없었더라면, 그리고 목사님이 거기 안 계셨고, 그날 그 설교를 전하지 않으셨더라면, 저는 아마 주님께로 돌아올 수 없었을지도 몰라요.

목사님, 외국인들 사역하느라 힘드시죠? 열매가 없는 것 같아서 답답하실 때도 많죠? 포기하지 말고 끝까지 힘내 주세요. 울산에 있는 이주민들에게 계속해서 복음을 전해 주세요. 열매가 전 세계에 흩어져 있답니다. 여기 강도사님 결혼식에 참석한 저를 포함한 모든 형제자매가 목사님 사역의 열매입니다. 목사님, 힘내세요!"

자매님의 말에 눈물이 나올 정도로 나는 크게 감동받았고, 위로받았다. 이주민 선교와 도시 선교 사역의 보람과 기쁨이 샘솟듯 차올랐다. 한국에서 말씀으로 양육하고 보살펴 주어도 언젠가는 그들의 본국으로 떠나야 했고, 새가족이 많이 등록해도 그만큼 또 떠나는 사람들이 있으니 교회가 거의 성장하지 않는 것처럼 느껴졌었다. 사역의 열매를 볼 수 없어서 낙심되기도 했었다. 고국으로 돌아간 수많은 영어 멤버들이 하나님의 복덩이가 되어 필리핀과 세계 곳곳에서 교회를 섬기고 하나님의 나라를 확장하는 데 쓰임받고 있다는 것을 잘 몰랐던 것이다. 내 눈에 보이지 않아도, 손에 잡히지 않아도, 도시 선교의 열매가 알차게 자라고 있었다.

그렇다. 우리 도시 안의 이주민들에게 복음을 전하는 도시 선교는 하나님의 플랜 B가 아니다. 해외 선교의 길이 막혀서, 선교지에서 추방되어서, 해외로 나가지 못해서 어쩔 수 없이 하는 선교가 아니다. 이주민들이 갑자기 국내로 들이닥

치는 바람에 할 수 없이 하는 선교도 아니다. 오히려 세계 선교를 위한 최고의 전략이며, 하나님의 플랜 A다.

제이슨 강도사님이나 세실 자매님처럼, 돈을 벌고자 혹은 유학생으로 공부하고자, 또는 남편을 따라서 등 다양한 목적으로 우리 도시로 들어온 이주민 한 영혼, 한 영혼에게 복음을 전하고 그들을 다시 본국으로 파송하면, 세계 곳곳에서 하나님은 그들을 통해서 자신의 선교를 계속 이루어 가신다. 우리가 직접 현지에 들어가서 언어와 문화를 배우고, 거기에 적응하고, 많은 비용을 지불하면서 선교하는 것보다 더 효과적이고 상황화된 선교를 할 수 있다. 어떤 면에서는 '저비용, 단기간, 고효율'의 선교가 진행되는 것이다. 그렇기 때문에 도시 선교는 세계 선교라는 하나님의 빅 픽처를 이루기 위한 최선의 전략, 하나님의 플랜 A라고 감히 말할 수 있다.

그렇다. 우리는 도시를 선교지로 바라보고, 도시에서 복음을 전해야 한다. 이것이 성경이 우리에게 보여 주는 분명한 선교의 비전이다. 대표적으로 사도 바울의 예를 들 수 있다. 바울의 선교 사역의 중요한 한 가지 원칙은 대도시와 거점 도시에서 사역을 했다는 점이다.

본문	행 17장	행 18장	행 19장	행 28장
사역 도시	아덴	고린도	에베소	로마
특성	지식의 중심	상업의 중심	종교의 중심	군사, 정치, 행정의 중심

표 2. 바울의 선교 전략

특히 사도행전 19:10에는 놀라운 내용이 나온다. "두 해 동안 이같이 하니 아시아에 사는 자는 유대인이나 헬라인이나 다 주의 말씀을 듣더라." 바울이 대도시 에베소에서 2년 간 말씀을 가르쳤는데 아시아에 사는 모든 유대인과 헬라인들이 복음을 들었다고 한다.

이것이 어떻게 가능했을까? 비결은 에베소라는 도시의 특성 때문이다. 소아시아에 사는 수많은 사람이 때로는 물건을 사고 팔기 위해, 또는 친척을 방문하고 목욕탕에 가기 위해, 경기장에서 관람을 하거나 극장에서 연극을 보기 위해, 신전에서 예배하기 위해 중심 도시였던 에베소로 모였다. 바울이 지역 구석구석으로 직접 들어간 것이 아니라, 도시로 모인 그들에게 그가 복음을 전하니 그들을 통해 소아시아 전 지역에 복음이 전파될 수 있었던 것이다. 하나님이 바울에게 그런 시대와 세상을 읽을 수 있는 지혜를 주셨고, 바울은 매우 치밀한 전략을 가지고 선교를 진행했다.

도시는 사람들을 끌어당기는 곳이다. 정치, 상업, 교육, 사회, 문화, 언론, 엔터테인먼트, 종교의 중심지이자 수많은 자원과 기회가 있는 곳이며, 이를 구하고 찾는 사람들이 모이는 곳이다. 2천 년 전에 바울은 그 특성을 매우 잘 이해했고, 그것을 자신의 선교 전략으로 삼았다. 그리고 2~3세기의 초기 그리스도인들도 대도시를 중심으로 사역을 했는데, 그 결과 로마 제국 도시들의 절반 이상의 인구가 기독교인이 되었다고 한다. 도시 선교를 통한 세계 선교는 사도 바울과 초대 교회 때부터 사용되었던 가장 오래되고, 가장 성경적일 뿐 아니라 가장 효과적으로 검증된 전략이다.

세계화와 함께 도시화 현상이 점점 가속화되고 있다. 1950년대에는 인구가 1천만 명이 넘는 도시, 즉 '메가시티'가 전 세계에 뉴욕과 런던 두 곳밖에 없었다고 한다. 하지만 2020년에 들어서서는 서른 다섯 곳을 넘어섰고, 그것도 유럽이나 북미가 아닌 대부분 아시아에 위치하고 있는 실정이다. 이제 우리는 정말 도시에 집중해야 한다.

UN 통계에 의하면, 200년 전에는 세계 인구의 5%만이, 100년 전에는 15%만이, 1950년에는 30%가, 2020년에는 54%가 도시에 살았다고 한다. 2050년에는 세계 인구가 90억 명이 되고, 75% 이상이 도시에 거주할 것으로 예측된다. 이는 앞으로 30년 동안은 2개월마다 인구 1,000만 명의 서울과 같은 대도시가 지구상에 하나씩 늘어난다는 것을 의미한다. 그리고 무엇보다 중요한 사실은, 가속화되는 세계화와 도시화의 물결에 따라, 과거에 우리가 복음을 전할 수 없었던 열방의 영혼들이 지금 우리 도시로 몰려들고 있다는 것이다.

선교학자 로저 그린웨이Roger Greenway는 이렇게 말한다. "하나님은 우리 시대에 다양한 사회적, 정치적, 경제적 요인들 가운데 절정의 역사를 이루셔서 여러 민족들이 훨씬 가까이 살게 하셨고, 더 많은 상호 작용과 상호 의존을 하도록 하셨다. 그리하여 복음의 가청 영역 안에 들어오게 하셨다. 우리 시대의 표지는 도시다. 도시로의 이주를 통해 하나님은 세계 선교의 가장 큰 무대를 만드시며 어쩌면 마지막 시간을 준비하시는 것일 수도 있다."[3]

"다시 말해, 세계의 오지를 전도할 수 있는 가장 좋은 방법이 있다면 바로 당신이 살고 있는 도시를 전도하는 것이다."[4] 뉴욕의 맨해튼에서 도시 목회를 했던 팀 켈러의 말이다. 복음으로 접촉해야 할 열방이 이미 우리 안방에 들어와 있다. 선교지는 산을 넘고 바다를 건너야만 갈 수 있는 곳이 아니다. 우리가 살고 있는 도시가 바로 최전방 선교지다. 우리가 소속되어 섬기는 모든 지역 교회는 그 도시라는 선교지에 파송된 선교함이다. 도시를 선교지로, 우리 교회를 선교적 공동체로 바라보자.

---

[3] 팀 켈러, 『팀 켈러의 센터처치』, 341.
[4] 팀 켈러, 『팀 켈러의 센터처치』, 340.

23
아빠는 왜 외국인들을 사랑해요?

나의 세 아이는 내가 저녁에 집에 있는 것을 너무 좋아한다. 내가 기도회, 제자 훈련, 심방 등으로 밖에 나갔다가 아이들이 잠들고 나면 들어올 때가 많기 때문이다. 또 아이들이 아침에 일어나기 전에 새벽에 교회에 갔다가 일어난 뒤에 집에 들어와서, 막내는 얼마 전까지도 내가 밖에서 잠을 자고 아침에 집으로 오는 줄로 알고 있었다고 한다.

그래도 일주일에 하루, 매주 화요일 저녁에는 자녀들과 함께하는 '패밀리 타임'을 가진다. 아이들은 그날을 손꼽아 기다리고, 혹시라도 그날 함께하지 못하면 다음 날 "아빠, 어제 패밀리 타임 못 했잖아요. 대신 오늘이나 내일 꼭 해요. 약속 지켜요!" 하며 조른다.

어느 날 저녁, 첫째 딸이 내 옆에 오더니 이렇게 묻는다.

"아빠 뭐 해요?"

"응, 아빠 글 쓰는 중. 어떻게 하면 외국인들을 더 잘 섬기고 사랑할 수 있을지 글을 쓰는 중이야."

"그렇구나. 아빠는 외국인들을 사랑해요?"

"어, 아주 많이."

"아빠는 왜 외국인들을 사랑해요?"

"음, 그건 예수님이 그분들을 사랑하셨고, 우리에게도 사랑하라고 하셨거든. 그리고 예수님도 외국인이셨어."

여러 교회에서 설교나 특강을 하거나 이주민 선교 관련 포럼, 세미나 등에서 발표를 하다 보면 이주민 선교에 관심이 있는 사역자들과 성도들을 많이 만나게 된다. 그들은 대부분 '무엇을'what, 그리고 '어떻게'how를 묻는다. "이주민들에게 복음을 어떻게 전하나요?", 전도 전략은 무엇이죠?", "제자 훈련 프로그램이나 성경 공부 교재는 무엇을 사용하세요?" 이와 같은 질문에 보통은 우리 교회의 사례를 들려준다. 더 깊게 질문해 오면 이렇게 대답한다.

"저희 교회에서 하는 것들이 목사님이 사역하는 교회 상황에서는 안 맞을 수 있어요. 교회 상황은 저보다 목사님이 훨씬 더 잘 아니까, 저희 교회 것을 그대로 따라 하기보다는 목사님의 교회 상황에 맞는 방식을 고민하셔야 해요. 그리고

'무엇을'what이나 '어떻게'how에 대한 질문보다는 '왜'why라는 방향으로 스스로 질문을 더 해 보세요. 어떤 동기와 이유로 사역을 진행하느냐에 따라 그 성격과 질이 완전히 다를 수 있거든요. 모든 사역 프로그램은 '왜'라는 질문에서부터 시작되어야 해요."

왜 우리는 이주민들에게 예수님의 사랑을 전하고 실천해야 하는가? 무엇보다도, 이 땅에서 이주민으로 사셨던 예수님이 그들을 정말 사랑하셨기 때문이다. 예수님도 이주민이셨다. 그분은 태어나자마자 헤롯의 영아 학살을 피해 부모님을 따라 이집트로 피난을 가셔야 했다. 다시 말해 이주민이자 난민 가정의 자녀이셨다. 고향, 친척, 아버지의 집을 떠났던 아브라함처럼, 하나님이셨던 그분이 편안하고 안락했던 하늘 본향을 떠나 이 땅에 오셔서, 낯선 기후와 환경에 적응하셔야 했고 팔레스타인의 언어와 문화를 배우셔야 했다. 예수님은 지구에서 이방인alien이셨다.

예수님은 자기 땅에서도 외국인과 나그네로 사셨다. 이 땅에는 자신의 집이라고 할 곳도 없었기에 "여우도 굴이 있고 공중의 새도 거처가 있으되 인자는 머리 둘 곳이 없다"(마 8:20)라고 하셨다. 자기 땅에 왔지만 자기 백성들로부터 배척당하셨고(요 1:11), 같은 민족이었던 유대인들에게도 '사마리아인'이라는 이방인과 외부인 취급을 당하셨다(요 8:28). 심지어 십자가에서는 아버지로부터 외면당하셨고, 아버지의 집에서 추방당하셔야 했다. 그래서 그분은 집 없고 머리 둘 곳 없는 나그네와 어디에도 소속될 곳 없는 이, 고향과 아버지의 집을 떠나야 하는 이주민과 외국인의 심정을 누구보다 잘 이해하고 공감하신다.

그러므로 그분이 이주민들에게 특별한 관심을 가지고 계셨던 것은 놀라운 일이 아니다. 그분은 유대 땅에 함께 살고 있었던, 수로보니게 여인, 로마 군대의 백부장에게 특별한 관심을 쏟으셨고, 이방인의 땅 두로와 시돈, 데가볼리에서도 하나님 나라의 복된 소식을 전하셨다. 유대인들이 상종조차 하지 않았던 사마리아 여인에게 복음을 전하셨고, 유대인들에게 '좋은 이웃'과 '하나님께 감사할 줄 아는 신앙인'의 모범을 가르쳐 주실 때는 충격적이게도 그들이 혐오했던 사마리아인을 예로 드셨다. 예수님은 당시 사회에서 소외되고 외면당하던 이들을 주목하셨고, 아웃사이더들과 왕따들을 사랑하셨으며, 그들에게 하나님 나라의 복음을 전하셨다.

그분은 자신을 나그네 및 외국인과 동일시하기까지 하셨다. "내가 주릴 때에 너희가 먹을 것을 주었고 목마를 때에 마시게 하였고 나그네 되었을 때에 영접하였고"(마 25:35). 예수님은 우리가 곁에 있는 나그네와 이방인을 섬기고 사랑하는 것은 곧 그분 자신에게 한 것으로, 그들에게 하지 않은 것은 자신에게 하지 않은 것과 같다고도 말씀하셨다(마 25:40, 45).

이렇게까지 말씀하셨는데, 어떻게 우리가 이주민들과 나그네들을 외면할 수 있겠는가? 이것이 우리가 도시 안에 들어온 이주민들을 섬기며 그들에게 주님의 사랑을 실천해야 하는 성경적 이유이자 강력한 동기다. 우리는 마치 예수님을 대하듯 그들을 존중하며 그들에게 예수님의 환대와 사랑을 실천해야 한다. 그들을 단순히 선교의 대상 또는 우리 교회의 사역 홍보 대상으로만 삼거나, 인원수를 채우는 데 필요한 정도로 여기며 비인간적/비인격적으로 대해서는 안 된다. 이는 이주민들을 자기 자신과 동일시하시며 그들을 사랑하셨던 예수님에 대한 무례이자 모욕이다.

한국인이든 외국인이든, 우리는 모두 하늘 본향을 떠난 영적 이주민이다. 비자 형태나 국적, 시민권에서는 차이가 있을 수 있다. 하지만 영적 신분과 정체성에 있어서는 차이가 없다. 한국인과 이주민은 모두 하늘에 속한 천국 시민권자들이며 복음 안에서 우리는 하나님의 권속이며 가족이다. 우리 교회 안에 있는 이주민 성도들, 우리 도시 안에서 만나는 모든 한국인과 외국인 이웃들을 예수님의 시선으로 바라보며 아무런 조건('교회 등록'이라는 조건조차) 없는 예수님의 사랑을 실천하는 작은 예수들이 되자.

24
또 하나의 열매를 바라시며

사람과 재정을 보냄으로써 교회가 교회를 개척하는 것, 이것은 가장 성경적이며 확실하게 열매 맺을 수 있는 하나님 나라의 검증된 확장 전략이다. 그 예로, 울산교회는 2013년에 사역자와 성도들을 보내 매곡예배당과 신정예배당을 분립 개척했고, 2018년에 두 곳은 각각 독립된 교회로 자리 잡았다. 2019년에는 울산교회가 우리 가족과 영어 예배부의 외국인 멤버들을 파송하여 시티센터교회를 개척하게 함으로써 하나님 나라의 확장에 또 한 번 헌신했다.

개척한 지 1년만에 코로나19로 인한 팬데믹 상황을 맞아야 했지만, 하나님의 은혜로 교회는 계속 성장을 경험했다. 하지만 시간이 지날수록 다문화 교회의 예배 환경과 문화에 적응이 어려운 이들도 있었는데 바로 경주 지역에서 오는 필리핀 멤버들이었다. 먼 거리 때문에, 그리고 한국어와 영어에 모두 익숙하지 않았던 그들은 소속감을 갖기 어려워했다. 제이슨 강도사님이 매주 토요일마다 경주에 가서 따갈로그어로 성경 공부 모임을 인도했고, 주일 오전에 차량 운행을 가기도 했지만, 천주교 신앙을 가졌거나 아직 신앙이 연약한 이들에게는 더 근본적인 해결 방안이 필요했다.

오랜 시간을 기도하며 기다린 끝에 분립 개척을 위한 최적의 타이밍이 찾아왔다. 2024년에 필리핀 출신 사역자인 제이슨 전도사님이 풀타임 강도사가 되어 사역적 역량과 시간적 여유가 생기게 된 것이다. 시티센터교회가 개척된 지 5년 4개월만에 CCC 경주(경주 채플)를 개척하여, 2024년 4월 28일 감격적인 첫 예배를 드렸다. 감사하게도 예배 장소는 새로운 공간을 마련할 필요 없이 경주 동서남북교회 전성일 목사님의 허락을 받아 예배당 공간을 빌려 쓰기로 했다. 예배 시간도 주일 오후 5시라서 강도사님과 내가 울산 채플의 주일 사역을 마치고 갈 수 있었고, 경주 지역 근로자들도 주일 근무와 관계없이 참여하기에 용이했다.

특별히 하나님께서는 경주 채플의 개척을 위해 제이슨 강도사님을 오랜 기간 연단하고 준비시키셨다. 강도사님은 한국에서 근로자로 9년, 유학생으로 8년, 총 17년을 지내면서 근로자와 유학생의 삶을 모두 경험했다. 따갈로그어뿐만 아니라, 영어와 한국어에도 능통해서 필리핀과 인도, 네팔 등에서 온 근로자들에게 효과적으로 복음을 전할 수 있는 사역자다. 하나님께서 세계 선교를 위해 사도 바울을 여러 면에서 준비시키셨던 것처럼, 울산과 경주에서의 도시 선교를 위해 강도사님을 한국으로 인도하고, 구원하고, 사역자로 준비시키신 하나님의 지혜와 계획이 참으로 놀랍다.

강도사님과 필리핀 멤버들이 열심히 홍보한 덕분에 CCC 경주를 여는 첫 예배에 25명의 필리핀 분들이 참석하여 공간을 채웠다. 그들은 자신들의 모국어인 따갈로그어로 신앙을 고백하고, 찬양을 드리고, 성경을 읽고, 설교 말씀을 들었다. 한국에 시집 와서 약 20년 동안을 집 근처 한국인 교회에서 잘 이해하지 못하는 언어로 예배드리다가, 정말 오랜만에 모국어로 예배를 드릴 수 있어서 감격스럽다던 자매님도 있었고, '자신의 오랜 기도에 대한 하나님의 응답'이라며 나와 강도사님에게 감사를 표하던 분도 있었다.

울산이 멀어서 교회를 자주 나오지 못했던 한 형제님은 "우리 회사 바로 옆에, 걸어서 갈 수 있는 거리에 교회가 생겼어요!"라며 이제 매주 예배드리러 오겠다고 고백했다. 국내의 다른 도시에서, 심지어 필리핀에서도 유튜브를 통해 실시간으로 함께 예배드린 분들도 있었다. 주일에 집에서 멀지 않은 교회에 나가 모국어로 찬양하고 설교를 들으며 예배드리는 것이 우리 한국 성도들에게는 지극히 평범하고 당연한 일상일 것이다. 결코 당연한 것이 아니라 하나님의 은혜이자 축복이라는 이 중요한 사실을 경주 지역 필리핀 성도들을 통해 다시금 깨달을 수 있었다.

하지만 이 사역을 위해서는 희생과 대가를 치를 것을 각오해야 한다. 경주 채플을 시작하려 할 때 주위에서 걱정을 많이 했다. 시티센터교회도 성도가 얼마 없고 아직 재정 자립이 이루어지지 않았는데 거기서 또 나누면 어떻게 하냐고, 조금이라도 자원과 힘을 더 모으는 데 집중해야 하지 않겠냐고, 신 목사는 늘 일을 벌린다고, 감당 못 할까 봐 걱정된다고 말이다. 사실 나도 걱정이 된다. 이제 조금 사역이 안정화되고 있는 참인데 새로운 도전을 하려니 두렵다.

세 아이를 낳은 아내가 이런 말을 한 적이 있다. 해산의 고통을 겪어 보지 않았을 때는 그것이 그렇게까지 힘든 줄 몰랐기 때문에 둘이고 셋이고 쉽게 낳을 줄 알았다고. 하지만 첫 아이를 낳고 난 후에는 둘째를 계획하는 것조차 두려웠다고 말이다. 군대도 한 번은 가지만 두 번은 못 간다고 하지 않는가? 목회자로의 부르심이나 교회를 개척하는 이 모든 새로운 도전의 길도 아무것도 몰랐기 때문에 갈 수 있었다.

경주 채플을 개척하기 위해 제이슨 강도사님과 의논했을 때, 강도사님이 선뜻 자원을 했다. 왜? 몰랐기 때문이다. 자신이 어떤 고난을 겪게 될지 아무것도 몰랐기 때문이다. 잠시 우리 주님의 심정을 묵상해 본다. 이 땅의 죄인들을 구원하기 위해 삼위 하나님 사이에 회의가 열렸다. 그때 예수님은 자신이 가겠노라고, 자신이 파송받겠다고, 하나님으로부터 분립 개척을 하겠다고 자원하셨다. 그분도 자신이 겪게 될 고난을 몰라서 그러셨을까? 자신이 지게 될 십자가의 무게와 마시게 될 잔을 모르셨을까? 아니다. 다 아셨다.

그분은 이 땅에서 어떤 대우를 받으실지, 어떤 고난과 고통을 겪으실지 다 아셨다. 편안하고 안락한 하늘 아버지의 집, 안전지대였던 하늘 보좌를 떠나는 것이 무슨 뜻인지 다 아셨다. 누리고 있었던 하늘과 땅의 모든 권세를 포기하고 자신을 비워 종과 같이 되는 것이 어떤 의미인지도 아셨다. 사랑하는 가족과 제자들로부터 버림받고, 배신당하고, 부인 당하실 줄도 아셨다. 채찍질과 매맞음과 조롱을 당하실 줄도 아셨다. 벌거벗김을 당하시고 수치를 겪으실 줄, 나무 십자가에 달려 저주를 받으실 줄도 아셨다.

무엇보다, 한 번도 분리되거나 단절된 적 없었던 너무도 사랑하는 아버지로부터 분리와 단절을 겪고, 거절과 외면을 당해야 한다는 것도 다 아셨다. 그 고통이 얼마나 큰지 아셨다. 그래서 그분도 두려웠고 그분에게도 용기가 필요하셨다. 고통의 정도를 알고 계셨기에 더 두려웠을 것이다. 그럼에도 불구하고 그분은 그 길을 자원하며 기쁨으로 걸어가셨다. 왜? 무엇 때문에?

또 하나의 열매를 바라셨기 때문이다. 한 알의 밀알이 땅에 떨어져 죽으면 얼마나 많은 생명의 열매를 맺게 될지, 그분은 그것까지도 아셨기 때문이다. 자신이 감당해야 할 진노와 고통의 무게를 아셨지만, "그 앞에 있는 기쁨을 위하여" 십자가의 고통을 참으셨다(히 12:2). 땅의 모든 족속이 복을 받도록 하기 위해 고향, 친척, 아버지의 집을 떠나 복이 되어야 했던 아브라함처럼(창 12:1-3), 그분도 온 세상에 복덩이가 되시기 위해 하늘 본향, 아버지의 집을 떠나셨다. 바로 그 기쁨을 바라보며 이 땅에 오셨고, 갈보리 언덕으로, 죽음의 단두대로, 십자가의 처형대 위로 올라가셨다. 그분의 동기는 두려움이 아니라 기쁨이었다. 주님의 죽으심 덕분에 우리가 구원받아 하나님의 자녀가 된 것이다.

우리 교회가 어려운 상황 속에서 경주 채플을 개척하는 이유도 마찬가지다. 그 모든 고통을 알면서도 그 길을 기쁨으로 걸어가신 주님 때문에 오늘 우리가 새 생명을 얻었고 또 하나의 열매가 되었기 때문이다. 우리 교회는 이제 주님의 심정을 붙들고, 하나님께서 맺으실 또 하나의 열매를 바라며 그 길을 걸어가기로 결단한 것이다.

이 길은 결코 쉽지 않다. 누구보다도 목사인 내가 먼저 죽어야 갈 수 있는 길이다. 그런데 솔직히 나는 죽는 것이 두렵다. 나도 살고 싶고, 인정받고, 대접받고 싶다. 내 자존심과 자아가 죽고, 나의 이기심과 자기중심성이 죽는 것은 인간의 본성을 거스르는 일이기에 참으로 고통스러운 일이다.

그럴 때마다 그리스도를 묵상한다. 그분께서 나를 위해 당하신 것과 행하신 것에 비하면 아무것도 아니다. 땅에 떨어져 죽으심으로써 많은 생명의 열매를 맺으셨던 예수 그리스도처럼, 자기를 부인하고 자기 십자가를 지는 좁은 길로, 두려움보다 더 큰 기쁨이 기다리고 있는 그 길을 묵묵히 걸어가기 원한다. '나'라는 열매를 맺기 위해 용기를 내신 그분처럼, 또 다른 하나의 열매를 맺기 위해 나도 용기를 내기로 결단한다.

그래서 이 다문화 교회 사역과 분립 개척 사역을 하는 데 있어서 나와 강도사님에게 복음이 주는 큰 은혜가 필요하다. 예수님으로 하여금 안전지대였던 하늘 보좌를 박차고 아버지의 집을 떠나시게 했던 그 복음의 은혜와 능력이 우리에게 필요하다. 두려움을 이겨 낸 주님의 사랑이, 두려움보다 더 컸던 그 기쁨이 우리에게도 필요하다. 또 수많은 선교사님으로 하여금 명예와 자랑을 다 버리고 험한 바다를 건너고 높은 산을 넘게 만든 그 복음의 능력이 나와 강도사님 안에 차고 넘쳐야 한다. 예수님의 사랑이 우리를 강권해 주셔야만이 길을 갈 수 있다. 앞에 있는 기쁨을 위해 십자가의 길을 먼저 걸어가신, 나의 믿음의 주요 온전하게 하시는 분이신 예수 그리스도를 바라보며, 나의 십자가를 지고 그 길을 따라간다. 또 하나의 열매를 맺기 위하여.

25
바울은 심고, 아볼로는 물을 주고

이주민을 위한 최고의 전도 전략은 무엇일까? 결론부터 말하면, 모든 사람에게 똑같이 적용되는 절대적인 전도 전략은 없다는 것이다. 복음을 전할 때, 각 사람의 영적 상태나 기독교에 대해 가지고 있는 인식과 태도, 그 사람이 현재 처한 상황, 그리고 그가 속한 집단의 문화와 개인적인 성격, 성향, 성장 과정 등을 종합적으로 고려해서 그 사람에게 맞는 방식으로, 맞춤형으로 복음을 전해야 한다.

그럼에도 불구하고 개인적으로 꼭 추천하고 싶은 방법은 '우정을 통한 관계 전도', 즉 진정한 친구가 되라는 것이다. 영국에서 온 원어민 교사 엘리 자매님은 동료 원어민 교사의 초대로 우리 교회에 왔다. 하지만 교회 공동체 생활에 적응이 쉽지 않아 보였고 한동안은 교회에 나오지 않았다.

그러다 코로나-19의 확산으로 너무나 외로운 시간을 보낼 수밖에 없었는데 몇몇 성도가 개인적으로 자매님을 찾아가 친구가 되어 주었다. 그녀는 조금씩 그리스도를 향해 마음이 열리기 시작했고, 직장의 계약 종료를 몇 개월 앞둔 시점부터는 주일 예배에 잘 참석했다. 귀국을 며칠 앞두고 홀로 제주 여행을 다녀오려고 할 때 우리 교회 윤희 자매님이 자발적으로 그 여행에 동행하여 한국에서의 행복하고 뜻 깊은 마지막 추억을 선물해 주었다.

엘리 자매님이 영국으로 돌아간 후 몇 개월이 지난 어느 날, 갑자기 인스타그램으로 연락이 왔다.

"안녕하세요, 목사님! 가족들과 교회가 평안하기를, 모두를 위해 기도하고 있어요. 저는 오늘 여기에서 세례를 받았어요. 저를 시티센터교회의 가족으로 환영해 주시고 제 믿음이 자라도록 도와주셔서 감사하다고 말씀드리고 싶어요. 시티센터교회의 한 부분이 될 수 있었던 저는 정말로 복을 많이 받은 사람이에요. 진심으로 감사드려요."

우리는 그저 그녀의 곁에 있어 주었고, 외로울 때 친구가 되어 주었고, 여행할 때 동반자가 되어 주었을 뿐이었다. 그런데 친구가 되어 주자 그녀의 마음이 열렸고, 복음이 마음속에 들어갔으며, 영국에 가서 지역 교회에 정착하게 되었고, 그곳에서 세례까지 받게 된 것이었다. 이렇게 많은 이주민이 외국 생활을 하다가 외로워서 교회 공동체를 찾게 되고, 그곳에서 진정한 친구가 되어 준 그리스도인들 덕분에 신앙을 갖게 된다.

사도 바울은 편 가르기를 하며 분열하는 고린도 교회 성도들에게 중요한 말씀을 전한다. "나는 심었고 아볼로는 물을 주었으되 오직 하나님께서 자라나게 하셨나니"(고전 3:6). 그는 복음 전하는 것을 농사에 비유한다. 누군가는 땅을 경작하고, 누군가는 씨를 심었으며, 누군가는 물을 주었지만, 하나님께서는 그 모든 사람을 적재적소에 맞게 사용해서 자라게 하고 열매 맺게 하신다는 것이다.

참으로 그렇다. 한 영혼에게 복음을 전함으로써 회심에 이르고, 예수님의 제자가 되어 복음의 열매를 맺는 삶을 살게 하는 것은 한 사람이 혼자 다 하는 것이 아니라, 하나님의 수많은 동역자가 함께하는 분업이자 협업이다. 비록 내가 직접 영접 기도를 시키지 못했어도, 비록 내가 세례를 주지 못했어도, 나는 나의 역할만 하면 하나님께서는 다른 사람을 통해서 그 사람을 변화시키고 성장하게 하신다.

전도학 또는 선교학에 '엥겔 지수'The Engel's Scale라는 것이 있다. 휘튼대학의 교수였던 제임스 엥겔James Engel이 1975년에 제안한 것으로, 초월자이시며 절대자이신 하나님의 존재에 대해 완전히 무지한 상태로부터 시작해서(-9단계), 그리스도를 영접하여 회심하고(0단계) 복음을 전하는 제자가 되기까지(+5단계)의 과정을 15단계로 구분한 것이다.

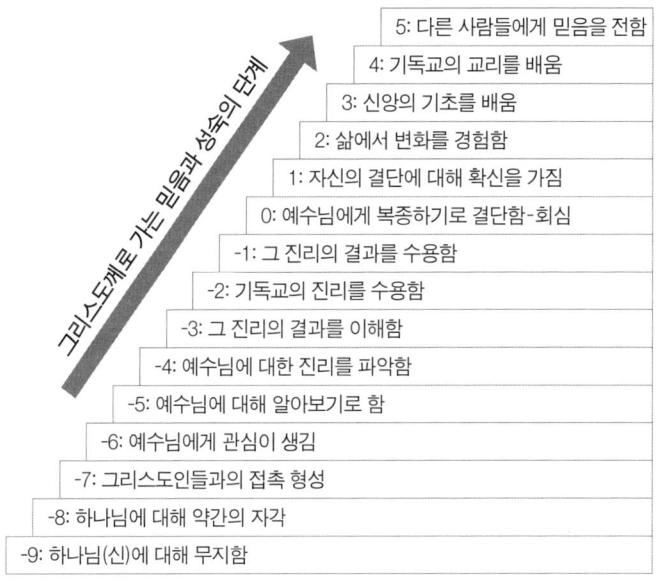

표 3. 전도와 회심을 위한 엥겔 지수 15단계

우리가 가져야 할 전도의 목표는 전도자를 당장 0(회심)의 단계까지 이동시키는 것이 아니다. 그가 처한 단계(영적 상황)가 어디인지를 잘 살펴서, -8에 있는 사람은 -7의 위치로, -3에 있는 사람은 -2로, 지금 있는 위치에서 한 단계 위로 상향 조정시키는 것이다. 야구로 치면, 1루에 있거나 2루에 있는 주자를 모두 홈으로 바로 불러들이는 것이 아니라, 한 번에 한 베이스씩 진루시키는 것이 우리의 전도의 목표다.

우리는 모든 사람을 0의 단계까지 최단 기간에 그리고 한

꺼번에 이동시킬 수 있는 방법을 고민하고, 상대방을 개종 또는 회심시켜야 하는 전도 대상자로, 숙제거리로만 바라본다. 관계 형성이 안 되었는데도 전도지부터 들이밀며 영접 기도를 시키려고 한다. 그럴 때 하나님의 존귀한 형상인 한 영혼이 그저 하나의 대상이 되고, 한 인격이 목적이 아닌 수단으로, 객체로 전락한다. 문제는 그들도 우리의 그런 눈빛과 의도를 바로 알아차린다는 것이다. 그러면 복음에 대해 더 거부감을 갖게 되고, 때로 상처를 받기도 하며, 오히려 마음의 문을 더 닫아 버린다.

복음을 전할 때는 그들과 관계를 맺는 것을 먼저 해야 한다. 그들에게 삶으로 예수님을 보여 주면서 예수님의 사랑을 실천해야 한다. "네 이웃을 네 자신같이 사랑하라"(마 22:39)고 하신 예수님의 명령을 따라서 진심을 다해 이웃을 사랑하고, 우리가 하나님께 받은 무조건적인 사랑을 그대로 흘려 주면 된다. 하나님 사랑과 이웃 사랑의 계명에 순종하는 것, 그것이 우리가 추구해야 할 목표다.

이웃을 자신처럼 사랑하라는 마태복음 22장의 대계명The Great Commandment이, 제자를 삼으라는 마태복음 28장의 대위임령The Great Commission보다 먼저다. 나중에 주어진 대위임령이 앞서 주어진 대계명을 폐하지 않는다. 이 둘은 서로 상충되지도 않는다. 대계명에 순종할 때 오히려 대위임령은 훨씬 더 잘 이루어질 수 있다. 진정한 친구와 이웃이 될 때, 나머지는 하나님께서 우리를 통해 또는 다른 사람들을 통해서 하신다. 명심하자. 농부이자 자라게 하시는 분은 우리 하나님 아버지시다(고전 3:7; 요 15:1). 우리는 우리의 역할에만 충실하면 된다. 내가 열매까지 보려고 욕심 부리지 말자.

쌀 한 톨이 우리 밥상에 올라오기까지는 수많은 사람의 손을 거친다. 마찬가지로 영혼 농사는 협업이고 분업이다. 이주민들이 우리와 함께 있을 때 영접이나 회심을 하지 않아도 괜찮다. 이곳에서 교회와 그리스도인들을 통해 사심 없고 조건 없는 사랑을 경험함으로써 기독교에 대해 마음이 열린 이주민들이 자기 나라에 돌아가면 그곳에 있는 선교사님이나 현지 목회자, 현지 성도들을 통해서 회심하는 경우들도 참 많다.

회심은 농부이신 하나님의 역사다. 우리가 만들어 내는 것이 아니다. 그들을 바꾸려고 하지 말고 그들을 바라보는 우리 자신의 관점과 태도를 먼저 바꾸어야 한다. 중요한 것은 우리가 예수 그리스도를 삶으로 보여 주는 진정한 그리스도인, 진짜배기가 되어야 한다는 것이다.

그래서 우리 교회는 'Ulsan Global Friends'라는 봉사 단체를 만들어서 이주민들에게 좋은 친구가 되려고 노력한다. 설이나 추석과 같은 명절에, 여름 휴가 기간 동안에, 서울, 강원도, 전라도 등으로 국내 여행을 함께 가기도 하고, 부산에 요트 투어를 다녀오기도 한다. 또 한국어 교실을 열어 국내

정착과 생활 적응을 돕기도 하고, 다문화 가정의 자녀들을 위한 아트, 과학 실험, 영어, 요리, 코딩 등 창의력과 지능, 사회성과 감수성 등을 계발하는 유익한 교육 프로그램을 진행하기도 한다.

중요한 것은 그들에게 좋은 친구가 되어 예수님의 사랑을 삶으로 실천하는 것이다. 예수님의 대계명에 따라 그분의 사랑을 실천하는 것을 목적으로 할 때, 전도의 열매는 그 결과로 따라온다. 마태복음 25장 40절에서 예수님은 이렇게 말씀하셨다. "내가 진실로 너희에게 이르노니 너희가 여기 내 형제 중에 지극히 작은 자 하나에게 한 것이 곧 내게 한 것이니라." 나그네와 외국인에 대한 예수님의 환대는 그들을 당신 자신과 동일시하실 정도로 엄청나고 위대한 것이었다(대긍휼, The Great Compassion). 우리는 그분의 무조건적인 환대와 대긍휼을 경험한 덕분에 그리스도인이 되었다.

우리 곁에 보내 주신 이주민들을 환대하기를 마치 예수님에게 하듯 하자. 우리를 향한 그리스도의 환대가 동기가 되어, 그들에게 무조건적인 환대와 사랑을 실천하자. 그리고 그런 우리의 조건 없는 환대와 사랑의 이유를 궁금해하는 이들에게 예수 그리스도의 조건 없는 환대와 사랑을 소개하자. 먼저 '이웃 사랑'의 대계명과 '나그네 환대'의 대긍휼에 순종하자. 그럴 때, 선교사이신 하나님께서 그분의 다양한 사역자를 통해 대위임령을 성취하실 것이다. 우리가 겸손히 우리의 역할에 충실하며 그분과 즐겁게 동행할 때, 우리 농부이신 하나님께서 그분의 시간과 방법대로, 그분의 사역자들을 통해 복음의 열매를 거둘 것이다.

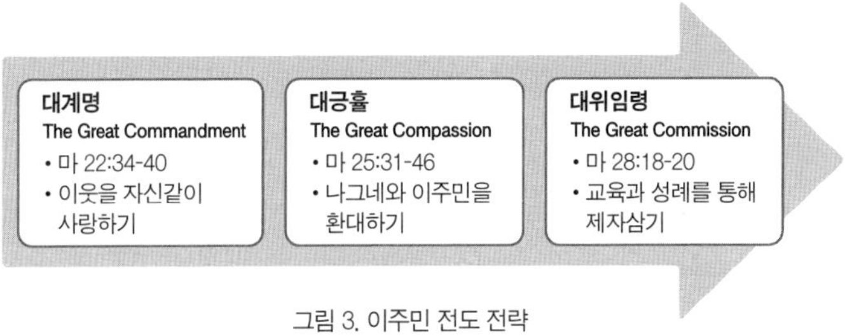

대계명
The Great Commandment
- 마 22:34-40
- 이웃을 자신같이 사랑하기

대긍휼
The Great Compassion
- 마 25:31-46
- 나그네와 이주민을 환대하기

대위임령
The Great Commission
- 마 28:18-20
- 교육과 성례를 통해 제자삼기

그림 3. 이주민 전도 전략

26
너와 네 집이 구원을 받으리라

　미국, 영국, 캐나다 등 서구 개인주의 문화권 출신의 이주민들에게 복음을 효과적으로 전하는 방법이 '친구 되기'라면, 아시아와 아프리카, 중동 등 집단주의 문화권 출신의 이주민들에게 복음을 전하려면 '가족 되기'가 중요하다. 한 개인과 개인의 1:1의 관계 형성뿐 아니라, 개인과 집단 또는 집단과 집단의 만남 및 관계 형성이 필요하다.

　우리 교회 제이슨 강도사님은 만 21세 때 한국에 근로자로 와서 지금까지 인생의 거의 절반인 17년을 한국에서 보냈다. 한국에 와서 예수님을 영접했고 목회자의 부르심을 받았기에 필리핀에 있는 가족들과 시간을 많이 보내지 못했다. 고향에 갈 때마다 부모님께 수차례 복음을 전했지만 부모님의 마음의 문은 쉽게 열리지 않았다.

부모님은 아들이 가는 그 목회의 길을 충분히 이해하지도, 기도와 응원으로 전적으로 지원하지도 못하셨다. 강도사님이 부모님을 전도하고자, 관광 비자로 부모님을 한국으로 초청했다. 두 분이 한국으로 오시기 훨씬 전부터 교회 공동체가 그들의 영혼 구원을 위해 한마음으로 기도했다.

강도사님은 부모님을 모시고 국내 곳곳으로 관광을 다녀왔다. 부모님은 드라마나 영화에서만 보던 함박눈을 강원도에서 실컷 구경하셨고, 아들의 신대원 졸업식에도 참석해서 고생한 아들을 위로하고 축하해 주셨다. 교회의 필리핀, 인도 출신의 영어 멤버 자매님들은 마치 자신의 부모님을 모시듯 그들을 집으로 초대해서 맛있는 식사를 대접하고 공원에서 함께 산책하고 옷과 화장품 등 좋은 것들을 선물해 드렸다.

강도사님의 부모님을 뵐 때마다 요즘 어떻게 지내고 계시는지 여쭈어 보면, 월요일에는 누구 집에 초대받아서 갔고 수요일에는 또 다른 누구 집에 다녀왔고, 내일은 또 누구와 쇼핑을 하러 가기로 했다며 신이 나서 대답하신다. 그리고 이렇게 말씀하셨다.

"우리가 여기서 왜 이런 사랑을 받고 있는지, 교회 성도들이 우리한테 왜 이렇게 잘해 주시는지 모르겠어요."

내가 힘주어 대답했다. "그동안 성도들이 제이슨 강도사님한테서 그런 사랑을 받았기 때문이에요. 우리 교회 영어 멤버들이 가정이나 직장에서 힘든 일을 겪을 때마다 가장 먼저 달려가서 도움을 주는 사람이 바로 우리 강도사님이에요. 정말 많은 일을 하면서도 절대 티를 내지 않고 묵묵히 섬겨요. 멤버들을 진심으로 사랑하기 때문에 아무것도 바라지 않고 섬기는 거에요. 이렇게 사랑 많은 아들을 낳아 주시고 키워 주신 부모님에게 그 사랑을 돌려 드리는 겁니다. 부모님은 사랑받을 자격이 있으세요. 여기서는 마음껏 사랑받으시고 누리세요."

몇 주 뒤에는 이렇게 말씀하셨다. "목사님, 여기 와서 딸이 여러 명 생겼어요. 필리핀 딸, 인도 딸, 모두 제 딸들이에요. 지금까지는 우리 아들이 한국에서 무엇을 하고 있는지, 목회자가 된다는 것이 무슨 뜻인지 잘 몰랐어요. 그런데 이제는 알 것 같아요. 참 의미 있고 가치 있는 일들을 한다는 것을요."

한번은 나의 부모님이 강도사님의 부모님을 모시고 전남 광양으로 여행을 다녀오셨다. 매화꽃 구경은 핑계였고 오가는 길에 복음을 전하기 위해서였다. 여행을 마치고 오는 길에 차 안에서 내 아버지가 당신이 예수님을 믿게 된 이야기를 하시면서 복음을 전하셨다. 그리고 영접 기도를 같이하자고 하셨다. 그런데 평소에는 눈물을 흘리는 법이 없던 강도사님의 아버지가 눈물을 흘리며 기도를 따라 하셨고 주님을 영접하셨다.

두 달간의 방문 기간이 끝나갈 즈음, 강도사님 부모님이 필리핀, 인도, 남아공 엄마들끼리 한 가정에서 모여 제자 훈련을 하는 모임에 참석하셨다. 공부를 마치고 각자 소감을 말하는 시간에 강도사님의 아버지가 "오늘 저는 절대 울지 않겠습니다" 하면서 말씀을 시작하셨다. 그런데 곧바로 눈물을 흘리셨다.

"저는 원래 잘 울지 않는 사람입니다. 하지만 오늘은 왜 이렇게 눈물이 나는지 모르겠습니다. 여기 와서 여러분에게 많은 사랑을 받았고, 교회가 이렇게 따뜻한 가족 공동체인지를 처음으로 알게 되었습니다. 여러분 모두에게 감사드립니다. 필리핀에 돌아가서도 계속해서 교회에 다니겠습니다. 교회에 대한 오해가 있었는데 여러분 덕분에 그 오해가 풀렸습니다. 이제 교회에 가고 싶어졌습니다. 저희에게 가족이 되어 주셔서 정말 고맙습니다."

아버지의 고백을 들으며 모두가 함께 울었다. 강도사님의 부모님은 공동체 안의 여러 사람으로부터 사랑을 받았고, 예수님을 영접했으며, 축복을 받으며 필리핀으로 돌아가셨다. 그리고 곧바로 가까운 지역 교회에 나가서 예배를 드리셨다. 더 감사한 것은 부모님이 예수님을 믿고 교회에 나가게 되니, 그 변화된 모습을 보고 강도사님의 형제들도 다같이 교회를 나가게 된 것이다. 현지 교회에서는 사역팀을 그 가정으로 보내서 온 가족에게 성경에 대해 가르쳐 주기 시작했다.

빌립보 감옥에서 나온 바울은, 두려워 떨며 "내가 어떻게 하여야 구원을 받으리이까?"라고 묻는 간수에게 이렇게 말했다. "주 예수를 믿으라 그리하면 너와 네 집이 구원을 받으리라"(행 16:31). 이 말씀은 오늘날에도 적용되는 참된 진리의 말씀이다. 하나님은 동생의 병을 치료할 돈을 벌려고 한국에 왔던 제이슨 강도사님을 구원하셨다. 그를 사역자로 부르시고, 그의 헌신을 통해 수많은 이주민의 영혼을 구원하셨다. 그 이주민들을 통해 강도사님의 부모님의 영혼을 구원하셨으며, 두 분을 통해 강도사님의 온 가족을 구원하셨다. 한 사람의 결단과 순종을 통해 온 가정이 구원의 길로 들어선 것이다.

강도사님도 공동체 식구들에게 그 고마움을 표현했다. 자신이 오랫동안 여러 방법으로 복음을 전했을 때는 부모님이 응하지 않으셨지만, 교회 공동체가 다같이 마음과 힘을 합쳐서 기도하고, 사랑과 정성으로 섬겼더니 부모님의 마음이 활짝 열렸다면서, 복의 통로가 되어 준 한 분 한 분에게 울면서 진심으로 감사를 전했다.

그렇다. 가장 좋은 전도 방법은 복음 중심적인 공동체를 경험하게 해 주는 것이다. 이 땅의 교회들은 우리의 소중한 이웃들에게 세상에서는 경험할 수 없는 무조건적인 사랑을 실천하는 공동체를 보여 주어야 한다. 국적과 문화, 언어를 초월해서 한 가족이 되어 서로 돌보며 아끼는 가족 공동체, 세상과는 다른 가치관과 방식으로 살아가는 사람들이 모인 공동체를 보여 주고 경험하게 해야 한다. 환대와 용납, 사랑과 섬김의 언어를 구사하는 복음 중심적인 공동체를 세움으로써 지옥 같은 이 땅에서 천국을 맛볼 기회를 제공해야 한다. 그렇게 함으로써 그들에게 그런 천국을 닮은 사랑의 공동체에 소속되고 싶은 소원과 갈망을 불러일으키는 것, 그것이야말로 최고의 전도 방법이다. 공동체가 곧 메시지다.

D. A. 카슨[D. A. Carson]은 크리스천 공동체에 대해 이렇게 말한다. "(크리스천들을) 하나로 묶어 주는 것은 교육이나 인종, 소득 수준, 정치 성향, 국적, 악센트, 직업 같은 것이 아니다. 크리스천들은 예수 그리스도로 인해 구원받았다는 사실 때문에 하나가 된다. 크리스천들은 예수님을 위해 서로를 사랑하는 천적들의 무리다."[5] 교회는 혈연, 지연, 학연과 같은 모든 인간적인 연대를 초월해서, 예수 그리스도의 피로 맺어진 영적 가족이다. 모든 차이와 장벽을 넘어 진정으로 서로를 사랑하는 가족 공동체를 세울 때, 교회는 이 세상을 향해 그 어느 때보다 선명하고 강력한 복음 메시지를 선포하게 된다.

---

5 팀 켈러, 『팀 켈러의 왕의 십자가』, 정성묵 옮김(서울: 두란노, 2013), 253.

27
목사님이 그걸 어떻게 알았어요?

　게리 채프먼Gary Chapman의 책 『다섯 가지 사랑의 언어』에서는 우리가 사랑을 소통하고 표현하는 다섯 가지 대표적인 방식을 소개한다. 인정하는 말, 함께하는 시간, 선물, 신체적인 접촉, 그리고 봉사다. 오른손잡이가 오른손을 주로, 편하게 사용하는 것처럼, 우리는 각자 사랑을 표현하는 또는 상대방의 사랑을 느끼는 주된 방식이 있다는 것이다. 특히, 저자는 사랑을 표현할 때 나 중심의 방식이 아니라, 상대방의 언어를 알고 상대방 중심으로 표현해야 상대방이 그 사랑을 잘 느낄 수 있다고 강조한다.
　우리가 이주민들에게 예수 그리스도의 사랑을 실천할 때에도 마찬가지다. 아무리 열심과 정성을 기울여 사랑을 표현

하더라도, 우리의 문화 방식으로 표현한다면 이주민들은 그 사랑을 못 느낄 수도 있다. 오히려 부담이나 불편함, 심지어는 상처를 받을 수도 있다. 따라서 우리는 그들의 문화를 알고, 그들의 문화를 통해, 그들의 사랑의 언어로 사랑을 표현해야 한다.

그렇다면 우리가 알아야 할 이주민들의 문화에는 어떤 것들이 있는가? 첫 번째 분류로, 개인주의와 집단주의가 있다. 개인주의 문화는 북미, 유럽과 같은 서구권에서 지배적으로 나타나는 것으로, 집단보다 개인을 우선시하는 문화다. 이런 문화에서는 집단보다 개인의 이익을 우선시하기에 개인의 의견과 인권이 존중되기 쉽다. 또 무언가를 선택하는 데 있어 남의 눈치를 별로 안 봐도 되며, 자유롭고 창의적이고 혁신적인 아이디어가 권장된다. 대신 개인의 정체성을 스스로 결정해야 하므로 혼란을 겪는 경우가 많으며, 자유로운 의사 표현 및 행동으로 인한 개인 간, 집단 간 갈등이 잦다.

반면, 집단주의 문화는 아시아, 아프리카, 남미, 중동 등에서 지배적으로 나타나는 것으로, 개인보다 집단이 중시되는 문화다. 이런 문화에서는 개인이 무언가를 결정하고 행동할 때 국가나 가족과 같은 집단이 요구하는 가치와 기준을 따를 때가 많다. 나는 누구이며, 내가 어떤 정당과 어떤 스포츠 팀을 지지할지, 어느 학교에 들어가 어떤 직종을 가질지 등 중요한 결정들을 내릴 때 부모나 자신이 속한 집단의 기대나 요구를 따르는 것이다.

 종교적 정체성도 그러하다. 소말리아와 같은 이슬람 국가에서 태어나는 사람은 당연히 무슬림이 되고, 대부분의 필리핀 사람들은 스스로를 기독교인이라 생각하며, 인도에서는 태어나면서부터 지역에 따라 힌두교인 또는 기독교인의 정체성을 갖는다. 그렇기 때문에 개인이 스스로의 정체성의 혼란을 덜 겪게 된다. 또 주변 사람들에게 도움을 받기가 용이하기에 개인적 문제나 공동체 위기의 해결이 훨씬 쉽다. 대신 개인의 인권이나 자유가 제한될 때가 있고, 남의 눈치를 보아야 하기 때문에 창의적이고 혁신적인 아이디어가 나오기 어렵다.

 개인주의와 집단주의의 특징을 잘 보여 주는 예로 우편 주소가 있다. 개인주의 문화를 대표하는 미국의 경우에는 주소를 수신자 이름으로 시작해서 번지, 거리, 도시, 주, 국가 등의 순서로 적는다. 집단보다 개인이, 큰 단위보다 작은 단위가 우선시되는 것이다. 이와 달리 한국의 경우에는 국가, 도, 시/군/구, 읍/면/동, 도로명, 번지, 마지막으로 수신자 이름의 순서로 적는다. 큰 단위와 집단이 개인보다 우선시된다.

 또한 국가나 단체의 리더십의 결정을 대하는 태도에서도 큰 차이를 보인다. 코로나 팬데믹 때 미국과 한국 국민이 정부의 마스크 착용 지침에 대해 어떻게 반응했는가? 개인의 자유와 인권을 최우선 가치로 여기는 미국에서는 정부의 지침에 반대하는 사람들이 많았지만, 공동체와 집단의 유익, 조화를 중시하는 한국인들은 정부 지침에 비교적 잘 따랐다.

우리 교회는 다문화 교회로, 다양한 문화권 출신의 사람들로 구성되어 있다. 그런 만큼 리더십과 의사 결정 구조에 대해서 각 문화권의 사람들이 정말 다르게 반응한다. 여름 캠프, 야외 예배, 총동원 전도 주일과 같은 행사를 진행하거나 선교 헌금 약정과 같은 재정과 관련한 결정을 할 때, 미국, 캐나다, 영국 등 개인주의 문화권의 성도들은 리더십에서 이루어진 결정을 따르는 것은 개인의 자유이며 따르지 않아도 아무런 문제가 되지 않는다고 생각할 때가 많다. 하지만 집단주의 문화권의 성도들은 리더십이 기도하고 정했다면 당연히 따라야 한다고 생각하거나 남의 눈치를 보기도 한다. 물론, 여기에는 문화 차이뿐 아니라, 개인 성격과 성향 차이도 존재한다.

리더십의 결정이나 사역 방향에 대해 똑같이 설명을 해도, 어떤 이들은 리더십이 너무 일방적이고 권위적이며 설명이 부족하고 불친절하다고 느끼지만, 또 다른 이들은 너무 수평적이고 민주적이며 설명이 지나치게 많고 지나치게 친절하다고 느낀다. 다양한 문화를 존중하는 다문화 교회이지만, 진정한 의미에서 다문화적으로 각자의 문화를 존중하며 사역하는 것은 쉽지 않다.

	개인주의	집단주의
핵심 가치	개인 > 집단	개인 < 집단
행동 준거	개인에게 있음	집단에게 있음
장점	• 개인의 인권을 존중 • 자신이 원하는 삶을 추구하기 쉬움 • 눈치 볼 일이 덜함 • 다른 생각과 표현 방식에 제재 덜 받음 • 새로운 생각과 의견을 말하기가 용이하고 혁신과 발전이 일어나기 쉬운 환경 • 일찍부터 독립적으로 살아감	• 어려울 때 같은 집단의 사람들에게 비교적 쉽게 도움을 받음 • 집단의 문제 해결 또는 위기 극복을 위해 공동으로 노력함 • 사회적으로 성공할 확률이 높음. 집단의 화합을 위해 노력하기에 집단 내에서 갈등이 덜함
단점	• 개인의 정체성의 혼란을 겪는 경우가 많음 • 도움이 필요할 때 외면당하기 쉬움 • 고독과 우울을 겪는 사람이 많음 • 고혈압, 비만 등 각종 질병 및 마약 문제 심각함 • 자유로운 의사 표현 및 행동으로 인해 집단 내에서 잦은 갈등	• 남의 눈치를 많이 보아야 함 • 개인의 자유가 제한되거나 권리를 누리지 못할 때가 있음 • 집단을 위해 개인이 희생될 때가 많음 • 인권이 존중되지 않을 때가 있음 • 다름을 인정하지 않고 배척함 • 다양한 생각과 의견이 나오기 어려움

표 4. 개인주의 문화와 집단주의 문화 비교

그런데 감사하게도 하나님께서 내게 이주민들의 다양한 문화를 잘 가르쳐 주는 문화 교사들을 참 많이 보내 주셨다. 가장 가까이에는 우리 제이슨 강도사님이 있고, 5개 국가(필리핀, 인도, 남아공, 미국, 한국) 출신으로 구성된 리더들이 있다. 내가 한국 교회에서 해 온 방식으로 어떤 프로그램이나 이벤트를 하자고 제안할 때, 누군가가 "목사님, 우리 나라 사람들은 달라요. 그렇게 하면 안 돼요. 상처 받아요"라고 알려 준다. 그러면 그들에게 맞는 방식을 찾거나 또는 모두가 수용할 수 있는 제3의 문화의 방식, 대안적인 문화의 방식을 고안해서 사역을 진행한다.

처음에는 그런 과정이 참 힘들었다. 한국 교회에서 통하는 방식, 내가 경험하고 내게 익숙한 한국의 집단주의 문화의 방식이 통하지 않는다는 것을 받아들이기가 쉽지 않았다. 무엇을 진행하려고 해도 안 되는 것이 많아 답답했다.

하지만 문화 교사들 덕분에 다양한 문화를 예전보다 훨씬 더 이해할 수 있게 되었다. 즉 '다문화 감수성'이 많이 개발되었다. 또 5개국 다문화적 리더십으로 인해 우리 교회가 문화적으로 민감한 다문화 공동체로 세워지고 있다.

그런 의미에서 나는 진정으로 다문화 교회가 되려면 리더십도 다문화로 구성되어야 한다고 생각한다. 또 교회 리더십은 공동체 구성원들의 출신 국가와 문화를 대표할 수 있어야 한다. 최초의 다인종, 다문화 교회였던 안디옥 교회의 리더십처럼 말이다. 사도행전 13장에서는 안디옥 교회의 다섯 명의 리더들의 출신과 배경을 소개한다. 그중 시므온과 루기오는 아프리카 출신이었고, 바나바는 오늘날의 유럽에 해당하는 지중해 연안 출신이었다. 또 마나엔은 중동, 바울은 소아시아 출신이었다. 리더십이 다문화일 때, 다른 문화를 이해하는 폭이 넓어지고 자문화 중심주의를 극복한 타자 지향적이고 선교 지향적인 교회가 될 수 있다.

이주민들과 관계를 맺고 그들을 섬긴 지 13년이 지난 요즘, 가끔 우리 멤버들로부터 칭찬을 듣기도 한다. 우리 교회에는 줄루어를 모국어로 사용하는 남아공 출신의 루시아 자매님이 있다. 얼마 전에 자매님과 줄루어 인사말에 대해 대화를 나누었다.

"루시아 자매님, 줄루어 인사말 가운데 '싸우보나'Sawubona라는 말이 있죠? '나는 당신을 봅니다'I see you라는 뜻이라면서요? 여기서 본다는 것은 사람을 대충 훑어보는 것이 아니라, 영혼을 꿰뚫듯이 집중해서 본다는 뜻이래요. 베드로와 요한이 성전 미문에 앉아 있는 사람을 바라본 방식이죠. 그리고 예수님이 우리를 집중해서 지긋이 바라보시는 시선이 바로 이 '싸우보나'인 것 같아요. 정말 아름답고 멋진 인사말이에요."[6]

"목사님이 그걸 어떻게 알았어요? 한국 사람이 우리 나라의 언어와 문화를 이해할 줄 몰랐어요. 목사님 덕분에 우리 나라만의 고유의 언어와 문화의 소중함과 아름다움을 다시 깨닫게 되었어요."

오늘날 다문화 사회를 살아가는 현대 그리스도인들은 예수 그리스도의 복음을 전할 때 상대방의 문화와 사랑의 언어

6　김재우, 『기꺼이 불편한 예배』, 101.

를 배워야 한다. 자신의 문화만 옳다고 고집하지 말고, 상대방의 문화를 존중하는 방식으로 복음을 소통하고 실천해야 한다. 그럴 때 그들의 마음이 열리고, 한국인과 한국 문화의 예수님이 아닌 그들 문화를 통해 찾아오시는 예수님을 만나게 될 것이다.

28
명예 수치 문화의 사람들에게 복음 전하기[7]

　　　　　　이주민 선교를 진행할 때 우리가 알아야 할 문화의 분류로는, 죄책 결백 guilt-innocence 문화와 명예 수치 honor-shame 문화, 그리고 권능 공포 power-fear 문화가 있다. 권능 공포 문화는 정령 신앙을 가지고 있는 아프리카의 부족과 같은 곳에서 나타나는 문화로, 주로 초자연적인 힘과 권위에 대한 두려움이 개인과 공동체의 행동을 결정하는 문화적 패턴을 의미한다. 우리나라에 들어와 있는 이주민들의 대다수가 죄책 결백 문화 또는 명예 수치 문화 출신이므로 여기서는 이 두 가지 문화를 중심으로 소개하겠다.

7　이번 장은 Jayson Georges, *Ministering in Honor Shame Cultures*(Downers Grove, IL: InterVarsity Press, 2016)를 참고했다.

죄책 결백 문화는 개인주의 문화권에서 주로 나타난다. 이 문화권에서 개인은 사회가 정한 법과 규칙, 그리고 양심에 따라 행동할 것을 요구받는다. 규칙을 어기게 되면 개인은 죄책감이나 양심의 가책을 느낀다. 국가나 사회가 사법기관을 통해 개인의 범법 행위를 처벌하고, 적절한 처벌을 받은 후 개인은 예전과 같은 생활을 할 수 있다. '너는 너고, 나는 나다'라는 사회적인 통념이 강하므로, 개인이 죄를 범했을 때 그 영향은 범법자 개인에게만 미치는 경우가 많다.

반면, 명예 수치 문화는 집단주의 문화권에서 지배적으로 나타난다. 이 문화권에서는 무언가를 결정하고 행동할 때 자신보다는 자신이 속한 집단의 기대나 가치가 기준이 된다. 무엇이 내가 속한 집단에게 명예가 되고 수치가 되는지가 결정 기준인 것이다. 내가 어떤 바람직한 행동을 했을 때, 그것은 곧 나의 부모님과 가문, 출신 학교나 소속 직장, 종교 단체나 정당, 지역이나 국가 등의 명예와 자랑이 된다. 반대로 어떤 실수나 잘못을 저질렀을 때는 내가 속한 집단의 수치와 모욕이 된다.

예를 들면, 우리나라에서 유명 연예인이나 정치인이 자신의 명예가 더럽혀졌거나 수치를 당하게 되었을 때 스스로 목숨을 끊는 경우다. 일본에서는 사무라이가 스스로 할복을 하는 행위, 중국에서는 범죄자를 대중 앞에서 공개 처형하는 것 등이다. 죽음이라는 극단적인 방법으로 나와 집단이 당한 수치를 씻어 내고 집단의 명예를 회복하려는 것이다.

 종교적으로도 이런 문제가 나타날 수 있는데, 힌두교에서는 자녀가 다른 계급(카스트) 출신과 결혼을 하거나 타 종교로 개종하는 것은 가족의 명예를 더럽힌 가문의 수치로 여겨진다. 그래서 '명예 살인'이라는 이름으로 자녀를 죽여서 가문과 부모가 받은 수치를 씻어 내는 관습이 있다. 알카에다의 지도자 오사마 빈 라덴은 이슬람교가 미국 등을 대항해서 테러를 벌인 것은 미국에 의해 실추된 알라와 무슬림들의 명예를 회복하기 위해서였다고 발표했다. 명예 수치 문화권의 사람들에게는 수치를 씻어 내고 명예를 회복하는 일은 목숨만큼이나 중요하다. 그래서 그들에게는 보복 및 복수 행위 또한 중요한 관행이다.

 대표적인 예가 2006년 독일에서 열린 월드컵 결승전에서 지단 선수가 박치기를 한 사건이다. 프랑스 대표팀의 주장이었던 지단이 경기 도중 이탈리아의 수비수 마테라치에게 박치기를 해 버렸다. 한 경기만 이기면 우승을 할 수 있었고, 이 경기를 끝으로 그가 국가대표를 은퇴하기로 되어 있었기에 그러한 돌발 행동은 많은 사람에게 비난을 받았다. 그런데 사실은 지단의 누이를 향해 마테라치 선수가 모욕적인 발언을 했다는 것이 나중에 알려졌다. 지단은 가족이 당한 불명예와 수치를 참을 수 없어서 그에 대한 보복과 응징으로 박치기를 한 것이었다. 지단은 프랑스 사람이었지만 명예 수치 문화권인 알제리 출신 이민자였기에 그런 문화적 배경이 그의 행동에 큰 영향을 미쳤다고 볼 수 있다. 그의 어머니는 "가족의 명예를 지키기 위한 아들의 행동이 매우 자랑스럽다"고 인터뷰를 했다. 명예 수치 문화로 인해 보복 행위가 일어난 단적인 예다.

	결백/죄책	명예/수치
사회 구조	개인주의	집단주의
지역	서구 사회(북미, 유럽)	중동, 아프리카, 아시아
행동 규범	법과 규칙	집단의 기대와 이상
행동 동기	내적 양심	외적 공동체
핵심 표현	결백, 떳떳함, 죄책감	명예, 자랑스러움, 영광, 존귀
죄의 결과	죄책감	수치심
문제 핵심	행동, "실수를 저질렀어."	존재, "내 존재가 실수야."
죄의 영향	범법자 개인	집단
개인 반응	결백 증명, 죄의 시인, 용서 구함	숨기, 은폐, 도피
사회 대응	정의를 위한 처벌	수치를 제거하기 위한 거절 배척/추방
해결 방안	용서	회복, 복권

표 5. 결백 죄책 문화와 명예 수치 문화 비교

우리나라에도 명예 수치 문화가 짙게 깔려 있다. 자녀가 좋은 대학에 진학하고 좋은 직장에 취직하면 그것은 부모의 명예가 된다. 누군가가 사법고시에 합격하거나 고위 공무원으로 선출 또는 임명되었을 때 그가 사는 마을 입구나 아파트에 축하 현수막이 걸리기도 한다. 그 사건이 가족과 마을 공동체의 명예가 되는 것이다. 대통령이나 외교관 또는 나라를 대표하는 유명 연예인이나 운동선수가 큰 업적과 공로를 세우면 우리나라 국민 전체가 명예롭게 생각하고, 반대로 실수나 잘못을 저지르면 전체가 수치를 느낀다. "부끄러움은 누구의 몫인가?" "조상님 뵐 면목이 없다." "자녀와 후손들에게 부끄럽지도 않느냐?"와 같은 표현들이 우리의 명예 수치 문화를 잘 보여 준다. 과거에 여성들이 자신의 정절과 명예를 지키기 위해 지니고 다녔던 은장도도 그러하다. 부모와 가문의 명예를 위해 어떤 학교에 진학하고, 특정 직업을 가지려고 하거나, 조건에 맞는 배우자를 찾는 것이 그 단적인 예다. 이주민들의 명예 수치 문화를 이해할수록 우리 자신의 문화를 더 잘 이해할 수 있게 된다.

또 이 명예 수치 문화는 교회 안에서도, 이주민과 함께하는 사역 현장에서도 얼마든지 그 문화적 차이로 인한 오해와 갈등이 일어날 수 있다. 사역 현장과 교회에서 실제로 일어났던 두 가지 사례를 소개하겠다.

○ 사례 1

마이크는 미국에서 난민들과 함께 삶을 나누면서 그들의 정착을 도왔다. 종종 압둘의 집을 방문했고 그때마다 큰 환대를 받았다. 이라크 출신이었던 압둘은 환대와 식사를 중요시하는 중동 문화의 가치를 고수하고 있었다. 압둘의 집을 방문하면 늘 여러 시간 동안 머물렀고 언제나 좋은 대화와 음식을 즐길 수 있었다. 하루는 압둘이 마이크의 집을 방문했다. 미리 약속을 잡지 않고 방문한 것이다. 그런데 압둘이 도착했을 때, 마이크는 예정된 모임에 가기 위해 급하게 준비하는 중이었다. 마이크는 문을 열어 압둘을 맞이했지만, 약속 시간이 다 되어 바쁘니 다음에 만나자고 말했다. 이런 마이크의 행동은 압둘의 기분을 상하게 했다. 하지만 마이크는 이 상황을 모른 채 약속 장소로 갔다.

○ 사례 2

엔리케는 온두라스에서 예수 그리스도의 제자로 살기 위해 열심히 노력하는 형제다. 미국인 마크가 하루는 엔리케에게 선교 콘퍼런스에 함께 갈 것을 요청했다. 자신이 엔리케의 등록비의 75%를 댈 테니 남은 25%의 비용만 지불하고 같이 가자고 했다. 엔리케는 좋다고 하며 그 비용을 냈다. 나중에 엔리케는 자신이 양육하고 있는 프란치스코도 콘퍼런스에 데리고 갈 수 있는지 물어보았다. 마크는 엔리케에게 했던 동일한 조건으로, 본인이 75%를 내주고, 프란치스코가 25%를 지불할 수 있으면 함께 가자고 했고 엔리케가 이에 동의했다. 콘퍼런스로 가는 날이 되었다. 그런데 엔리케는 마크에게 프란치스코의 비용을 주지 않았고 그에 대한 어떠한 언급도 하지 않았다. 마크는 버스에서 몇 번이나 엔리케에게 이 부분을 물어보고 싶었지만 기회가 나지 않았다.

콘퍼런스가 열리는 건물의 문 앞에서 마크는 프란치스코에게 직접 물었다. "이제 바로 등록을 해야 하는데 당신의 등록비를 지금 내게 줄 수 있어요?" 엔리케와 프란치스코는 둘 다 뭔가 몹시 불편해 보였다. 프란치스코는 등을 돌렸고 엔리케는 이런 표정으로 마크를 쳐다보았다. '난 당신이 방금 한 짓을 믿을 수가 없어요!' 하지만 그가 실제로 한 말은 단지 "프란치스코에게는 그만한 돈이 없어요"라는 것이었다. 마크는 왜 그 말을 미리 해 주지 않는지, 왜 서로 간의 약속을 안 지켰는지 물어보았지만 엔리케와 프란치스코는 아무 말도 하지 않았다. 그저 고개만 살짝 숙이고 땅을 쳐다보았을 뿐이었다. 결국 마크가 프란치스코의 등록비를 모두 내줄 수밖에 없었다. 마크는 엔리케와의 틀어진 관계를 회복하기 위해 그 뒤 많은 노력을 했지만, 끝내 관계는 개선되지 못했다.

위의 두 사례 모두 수치 문화를 이해하지 못해서 일어난 일이다. 별 생각 없이, 혹은 오히려 '좋은 의도'로 했던 행동 때문에 상대방은 큰 수치심을 느낄 수도 있다. 그동안 쌓아왔던 관계가 단번에 무너지고 단절되는 결과가 일어났다. 대부분의 이주민에게 명예와 수치는 우리가 생각하는 것 이상으로 매우 큰 문제다. 명예 수치 문화 배경의 이주민들이 있는 사역 현장에서 이런 일들은 언제든지 일어날 수 있다. 아무리 의도가 좋았더라도, 이런 문화적 차이를 이해하지 못하면 나의 친절과 배려가 상대방에게는 상처가 될 수 있다.

이주민들의 문화를 이해하면, 그들에게 맞는 문화의 코드로, 그들이 피부로 느낄 수 있는 사랑의 언어로 복음을 소통할 수 있다. 이것을 복음의 상황화라고 한다. 상황화란 우리가 믿는 성경의 진리를 타협하지 않으면서도, 상대방이 공감하고 이해할 수 있는 방식으로 복음을 번역하여 전달하는 것이다. 어느 복음도 문화를 통하지 않고서는 전해지지 않는다. 그렇기 때문에 우리는 반드시 문화에 상황화된 복음을 전해야 한다. 이는 타 문화권의 사람들에게 복음을 전하는 선교사들이 해야 할, 가장 기본적이면서도 중요한 작업이다.

고린도전서 9장 19-23절에서는 바울이 사람들에게 복음을 전하기 위해 어떻게 상대방에 맞는, 상황화된 문화의 옷을 입었는지를 소개한다. 그는 유대인에게는 유대인의 모습으로, 이방인에게는 이방인의 모습으로, 율법 아래 있는 자들에게는 율법 아래 있는 자의 모습으로, 율법 없는 자들에게는 율법 없는 자의 모습으로, 또 약한 자들에게는 약한 자의 모습으로 다가갔다. 바울이 그렇게까지 한 것은 한 명이라도 더 구원하고자 함이었다. 그것이 바로 복음을 전하는 선교사의 자세다. 우리도 당연히 이주민들의 문화를 이해하고 그들의 사랑의 언어로 복음을 전해야 한다.

다문화 교회인 우리 교회에서는 멤버들의 개인적인 성격과 성향, 문화 등을 고려해서 관계를 맺고 양육을 진행하려고 한다. 제자 훈련도 네 개의 그룹이 있는데, 토론식, 강의식 등으로 진행 방식이 다르다. 그룹마다 모이는 빈도수도, 진도도 다 다르다. 새가족 교육을 할 때는 그룹이 아닌 1:1로 진행한다. 어느 때는 네 명이 다 따로따로 새가족 교육을 받기도 했다. 로마 가톨릭교의 영향 속에서 자란 필리핀 자매님에게는 로마 가톨릭교와 개신교의 공통점과 차이점을 Q&A 형식으로 설명해 주었다. 몰몬교와 율법주의/행위주의적인 배경에서 평생을 자라 온 미국 자매님에게는 『복음 중심 삶』을 교재 삼아 복음이 주는 참자유를 개인에게 적용하고 내면화하도록 교육했다.

모태신앙인 한국 형제님에게는 이정규 목사님의 『새가족반』 책으로 성경이 말하는 복음과 바른 교리를 가르쳤다. 또 한 번도 교회를 다녀 본 적이 없고 성경과 기독교에 대한 기초나 사전 지식이 거의 없는, 그러나 자녀들과 손주들에 대한 사랑이 깊은 80대 한국 어르신에게는 조영수 목사님의 교회에서 구매한 양육 교재 『보라! 새것이 되었도다』를 가지고 우리의 아버지 되시는 하나님의 사랑에 대해 알려 드렸다. 사람마다 교재나 방법도, 심지어 교육 기간도 7주에서 15주까지 다 다르다. 각자의 영적 수준과 상황, 배경 등에 맞게 맞춤식으로 진행한다. 바울이 설명한 복음의 상황화의 현대적 적용이라고 할 수 있다.

　복음의 상황화를 가장 잘 실천하신 분은 예수님이시다. 예수님은 각 사람에게 맞는 사랑의 언어로 하나님의 사랑을 전하셨다. 혈루증을 앓던 여인에게는 "네 믿음이 너를 구원하였다" 하시며 '인정하는 말'로, 예수님을 사랑하고 따르던 제자들에게는 '함께하는 소중한 시간'을, 질병과 죽음 가운데 있던 이들에게는 치유와 생명을 '선물'로 주셨다. 나병환자에게는 그저 말씀만으로 병을 고쳐 주실 수 있었지만, 굳이 '신체적 접촉'을 하셨고, 봉사하는 것이 익숙했던 제자들에게는 종이 되어 그들의 발을 씻겨 주는 '봉사'를 몸소 보이셨다.

　영이시며 거룩하신 하나님이신 예수님이 인간의 몸으로 이 땅에 오신 성육신부터가 바로 복음을 위한 최고의 상황화이시다. 그분은 그럴 필요가 없었지만, 인간의 몸을 입었고, 어린아이 시절과 유소년기와 청년기를 직접 겪으셨다. 우리를 구원하기 위해, 우리에게 하나님의 사랑을 전하기 위해 인간의 문화와 언어를 배우셔야 했다. 그분은 우리에게 영이신 하나님을 보여 주고 하나님의 사랑을 전하기 위해 사랑 통역가와 번역가가 되셨다. 예수님은 진정한 선교사이시며, 다문화와 상황화의 전문가이시다.

　예수님이 우리를 만나 주신 것도 방법도 다 각양각색이다. 누구도 예수님을 만난 스토리가 똑같지 않다. 그러므로 내가 만난 방식으로 상대방도 주님을 경험해야 한다고 강요할 수 없다. 한국적인 것이 가장 좋으니 한국인처럼 신앙생활하라고 요구해서는 안 된다. 우리의 목표는 이주민들이 그리스도인이 되도록 돕는 것이지 한국인이 되도록 만드는 것이 아니다. 주님은 각자에게 맞는 다양한 문화의 방식으로 만나 주시고 그분의 사랑을 경험하게 하신다. 주님께서 우리에게 하나님의 사랑을 전하시기 위해 그런 상황화의 수고를 하셨다면, 우리 또한 이주민들에게 그런 사랑의 수고를 기쁨으로 감당해야 하지 않을까?

복음 메시지의 전달 단계	결백 / 죄책	명예 / 수치	권능 / 공포
1. 창조의 목적과 계획	하나님은 당신을 사랑하시며 당신의 삶을 향한 놀라운 계획을 갖고 계신다. 예수님이 오신 것은 우리가 멸망하지 않고 영원한 생명을 얻게 하기 위해서다.	하나님은 당신을 존귀하게 여기시며 당신을 그분의 자녀로 명예롭게 대하신다. 영광의 하나님께서는 우리를 영광스럽고 존귀한 존재로, 그분의 가족들과 조화롭게 살도록 창조하셨다.	하나님께서는 우리가 그분의 세상 전체를 통치하도록, 또 그분의 영적 축복을 경험하도록 하기 위해 우리를 창조하셨다. 그분은 주권자이시며, 당신에게 영적 권위를 부여하신다.
2. 인간의 문제와 그 결과	인간은 하나님이 정하신 규칙과 법을 어겼기에 그 결과 하나님으로부터 정죄를 당했다. 우리의 범죄로 인해, 거룩하신 하나님과 우리 사이에 벽이 생겼다.	인간은 죄를 지어 수치스러운 존재가 되었고, 하나님을 불명예스럽게 했다. 우리의 반역과 불순종은 영광스러우신 하나님의 명예를 더럽혔고 수치를 안겨드렸다.	죄를 지은 결과로 인간은 사탄의 권위와 통치, 그리고 두려움 속에서 살게 되었다. 우리의 우상 숭배가 하나님의 신적 능력으로부터 우리를 분리시켰다.

2. 인간의 문제와 그 결과	선한 행동으로는 하나님의 기준에 도달할 수 없다.	우리의 어떠한 노력으로도 우리의 영적 수치를 가리고 명예를 회복할 수 없다.	어둠의 권세가 우리를 다스리자 우리는 질병, 문제, 사망을 겪게 되었다.
3. 문제에 대한 예수님의 해결	예수 그리스도는 당신의 죄를 해결해 주기 위한 완전한 희생제물이시다. 예수님은 우리의 죄책을 짊어지셨고, 우리가 받아야 할 형벌을 대신 감당하기 위해 십자가에서 죽으셨다.	예수님은 당신의 모든 수치를 가져가셨고, 하나님의 영광을 나타내셨다. 예수님의 수치스러운 죽음으로 말미암아 우리의 수치가 제거되었고, 하나님 자녀로서의 명예가 회복되었다. 예수님은 당신을 하나님의 명예로운 가족으로 받아들여 주신다.	예수 그리스도께서는 강력한 전사가 되셔서 우리의 모든 권능을 회복시키신다. 예수님은 모든 악의 권세와 사망을 정복하셨고 하나님의 축복을 가져다주신다. 그분의 죽음은 모든 죄의 권세를 해체시키셨고 우리에게 영적 권위를 제공하신다.
4. 하나님의 구원에 대한 인간의 반응	예수님을 당신의 개인적인 구원자로 영접해야 한다. 그분이 당신의 죄책을 가져가셨음을 신뢰하고, 죄의 용서와 영원한 삶을 얻기 위해서는 도덕적 삶을 통해 의로움을 얻으려는 시도로부터 돌아서야 한다.	당신을 가족으로 인정해 주신 예수님께 충성을 다해야 한다. 그리고 하나님의 은혜로운 환영을 받아들이고 그분의 명예로운 이름 아래서 살아야 한다. 거짓된 문화의 체면으로부터 돌아서서 하나님께 받은 인정 안에서 살아가라.	당신은 예수님을 알아야 하나님의 신적 권능을 받을 수 있다. 보호와 권능을 얻기 위해 예수 그리스도만을 신뢰하라. 각종 마법적인 의식들과 신비주의로부터 돌아서라.

표 6. 각 문화의 언어로 복음 전하기

29
엄마는 다문화 사회 전문가

내가 이주민들을 상대로 사역을 하다 보니 많은 분이 내 아내도 영어를 잘하는지 궁금해한다. 아내는 영어를 잘하지 못한다. 하지만 한국어로도 이주민들과 좋은 관계를 맺을 수 있음을 잘 보여 준다. 한국어로 당당하게 소통하는 모습을 좋아해 주시는 분들도 많다.

해외 선교를 꿈꾸던 내가 국내 도시 선교로 방향을 바꾸게 된 계기에는 여러 가지가 있는데, 그중 가장 큰 이유는 아내였다. 그녀를 처음 만났을 때 해외 선교에 대한 마음을 분명히 확인했는데, 결혼하고 몇 년이 지나자 해외에 나가서 선교할 자신이 없다고 했다. 해외는커녕, 울산을 떠나 살아 본 적도 없어서 더욱 두렵다고 했다. 해외에 나가야만 선교를 할 수 있는 것은 아니라면서 국내에서도 얼마든지 선교를 할 수 있다고 나를 설득했다.

반박할 수 없는 옳은 말이었다. 하나님은 부부를 한 몸으로 부르셨기에 해외 선교만을 고집할 수는 없었다. 우리 필리핀 멤버들로부터 귀가 닳도록 들은 "Happy wife, happy life"(아내가 행복하면, 인생도 행복하다)라는 원칙이 여기서도 적용되었다. 하나님께서는 아내의 마음도 사용하셔서 나를 선교사가 아닌 목회자로서, 우리 도시 안에 있는 한국인과 이주민에게 복음을 전하도록 하셨다.

영어 예배부에서 사역하는 동안에는 아내가 영어 때문에 힘들어했다. 그럴 때마다 나는 "걱정 안 해도 돼. 해외에 나가 1년만 살고 오면 영어 할 수 있어. 지금은 한국이라 영어를 쓰는 환경이 갖추어지지 않아서 그럴 뿐이야"라며 위로했다. 하지만 온 가족이 미국에서 1년 반 동안 지내다 왔지만 아내는 여전히 영어를 잘 못했다. 어린 아이들을 양육하느라 영어를 쓸 기회가 적었던 탓이다. 한 가지는 분명해졌다. 그녀의 특기는 외국어가 아니었다. 대신 그녀는 요리를 잘하고, 손님 접대하는 것, 실내 인테리어를 디자인하고 공간을 꾸미는 것, 파티를 계획하는 것, 선물을 주는 것, 웃는 것과 웃기는 것을 잘하고, 사람 만나는 것을 좋아한다. 영어를 못할 뿐, 다른 재능과 강점이 참 많다.

교회 개척을 시작할 때 세 자녀가 너무 어렸기 때문에 나는 아내에게 사역보다는 아이들 양육에 힘써 달라고 부탁했다. 하지만 인력이 부족할 때마다 아내는 교회 학교 교사와 부장으로, 토요 프로그램으로, 예배 안내팀, 커피팀, 봉사 단체인 울산 글로벌 프렌즈(UGF) 사무국장 등으로 섬겨 준다. 스스로를 '스페어 타이어'라면서 비는 자리마다 들어가서 섬기는 것을 자신의 역할로 여긴다. 또 내가 성도들을 집으로 초대하면 음식과 다과를 정성껏 기쁨으로 준비하여 성도들을 섬긴다.

개척 5년 차쯤 되었을 때, 아내가 새로운 도전을 하기로 마음을 먹었다. 이주민들의 생활 적응과 정착을 돕기 위해 '다문화 사회 전문가'와 '한국어 교원' 학위 과정을 공부하기로 한 것이다. 그리고 우리 교회는 울산노회 여전도회 연합회에 참석하지 않았는데 얼마 전부터 아내가 필리핀, 인도, 남아공 엄마들과 매월 정기 모임에 나간다. 아직은 어느 교회에서도 이주민 성도들을 위해 따로 원고나 통역을 제공하지 않는다. 이주민들이 여전도회 연합회에 온 적이 없었기 때문이다. 우리 교회 자매들은 그 모임에서 더듬거리며 찬양을 따라 부르고, 사전과 번역기 앱을 켜서 설교 말씀을 듣는다.

비록 한 달에 한 번이지만, 엄마들끼리 다른 교회에 가서 예배도 드리고 커피를 마시며 교제하는 그 시간을 다들 소중하게 여기고 있다. 다른 교회 분들도 울산 안에 이런 다문화 여전도회가 있다는 것에 기뻐하며 관심을 가져 주신다. 다문화 사회가 이미 우리 도시 안에도, 예배당 안에도 도래했음을 알려 주고, 준비시키는 역할을 우리 교회 멤버들이 담당하고 있다.

"서당 개 3년이면 풍월을 읊는다"는 속담처럼, 나와 결혼한 후 13년 이상 이주민을 섬겨 온 아내는 점점 다문화 사회 전문가가 되어 가고 있다. 미국에서 이주민과 외국인으로 살면서 겪은 차별 대우, 그리고 외로움과 향수를 느껴 보았기에 아내는 이주민들의 아픔에 잘 공감한다. 하나님이 아브라함과 사라를 함께 부르신 것처럼, 도시 선교를 위해 나와 아내를 함께 복의 통로로 부르셨다.

아내뿐 아니라 세 자녀도 어린이 선교사가 되어 가고 있다. 한번은 세 아이의 생일잔치를 합동으로 열어 준 적이 있다. 세 아이가 2년 터울로 3월생인데, 각자의 친구들을 얼마든지 초대하라고 했다. 4학년인 첫째 하리는 거의 열 명에 가까운 친구들을 초대했고, 2학년인 둘째 시아와 일곱 살인 셋째 로건이는 딱 한 명씩만 초대했다.

시아가 초대한 '아이수'라는 이름을 가진 아이는, 한국에서 만나 결혼한 네팔인 부모님 사이에서 태어났다. 부모의 언어인 네팔어도 할 줄 알지만 한국에서 나고 자랐기에 한국어도 완벽하게 잘했다. 아내와 나는 너무 놀랍고 신기하고 재미있어서 막 웃었다. 다문화 교회를 하는 목사 딸이라 그런지 가장 친한 친구도 네팔 아이였던 것이다. 아무런 편견이나 벽 없이 둘이서 어울려 노는 모습이 정말 보기 좋았고 뿌듯하기도 했다. 다문화 교회 환경에서 자라는 나의 아이들이 겉모습이나 문화가 다른 친구들과 거리낌 없이 잘 어울리는 것이 참으로 감사했다. 아이수는 생일잔치 이후로 시아를 따라 교회에 나오고 있고, 예배 시간에 찬양을 누구보다 잘 따라 부른다. 교회에서 진행하는 과학 및 영어 교육 프로그램에도 참여하고 있다.

아이수의 아버지인 로켄 씨가 들려준 이야기다. 아이수가 교회에 가고 싶다고 아빠에게 말하자 힌두교 신자인 아빠는 딸에게 이렇게 말했다.

"아이수, 우리는 다른 하나님 믿어."

"저는 교회에 꼭 가고 싶단 말이에요."

아빠는 어쩔 수 없이 딸 아이를 우리 교회에 보냈고, 딸과 함께 교회에도 나오게 되었다. 로켄 씨는 울산의 두 곳에서 인도 식당을, 부산에서는 여행사를 운영하면서 울산 네팔인 공동체의 회장을 맡고 있다. 울산에서 네팔인들을 위해 번역과 통역도 도와주고, 자신의 업체에 직원으로 고용하거나 비자 변경, 직장 문제, 법률, 행정, 상담 등 선한 사업과 구제를 많이 하고 있다. 그런 그의 노력이 알려져 뉴스와 신문 기사로도 많이 소개된 영향력 있는 인물이다.

하루는 로켄 씨가 축구를 좋아한다고 해서 나는 그를 데리고 조기 축구 모임에도 갔고, 네팔 근로자들을 위한 쉼터 공간을 찾고 있다고 해서 적합한 공간을 찾아서 계약 맺는 것도 도와주었다. 또 여러 차례 교회에 있는 좋은 물품이나 구제 헌금을 네팔 쉼터에 지원하면서 로켄 씨와 좋은 관계를 유지해 왔다. 교회의 사랑에 마음이 많이 열린 그는 다른 네팔인들에게 우리 교회를 소개해 주었고, 성탄절 예배 때는 몇 십 명의 네팔인들을 데리고 참석했다.

내 딸 시아의 초대로 아이수가, 또 아이수를 통해 아빠 로켄 씨가, 로켄 씨를 통해 다른 많은 네팔인이 교회로 발걸음을 옮겼고 복음을 듣게 되었다. 이렇게 시작된 교회 공동체와의 접촉을 통해 하나님이 앞으로 어떤 열매를 로켄 씨와 네팔인 공동체 가운데 맺게 하실지 기대된다. 그렇다. 나도 모르는 사이에 하나님께서는 아내뿐만 아니라, 나의 아이들도 다문화 사역자이자 도시 선교사들로 만들어 가고 계셨다.

시아가 학교에서 엄마를 소개하는 글을 썼다. '왜냐하면'이라는 표현을 연습하기 위한 글쓰기 숙제였던 것 같은데, 엄마에 대해 상당히 자세히 관찰을 했고 설명을 잘 했다.

"제가 좋아하는 사람은 저희 엄마 김선경입니다. 저희 엄마는 올림머리를 자주하고, 얼굴은 달걀형입니다. 저희 엄마는 커피를 좋아합니다. 왜냐하면 커피 향과 커피를 내리는 시간을 좋아하기 때문입니다. 저희 엄마는 아이들도 좋아합니다. 왜냐하면 순수하기 때문입니다. 저희 엄마는 요리를 잘합니다. 왜냐하면 맛있는 걸 좋아하기 때문입니다. 저희 엄마는 집안 정리도 잘합니다. 왜냐하면 깔끔한 걸 좋아하기 때문입니다. 저희 엄마는 시끄러운 걸 싫어합니다. 왜냐하면 귀가 아프기 때문입니다. 저희 엄마의 꿈은 다문화 사회 전문가입니다. 왜냐하면 외국인들이 한국 생활에 적응할 수 있게 도와주고 싶기 때문입니다."

하나님은 선교사 한 사람을 부르실 때 그 가정을 함께 부르기도 하신다. 깨닫지 못하는 사이에 하나님께서는 나의 가족들을 선교사 가족으로 만들어 가고 계셨다. 하나님은 아내를 사용해서 나를 이주민 선교의 길로 가게 하셨다. 그녀는 한국어뿐만 아니라 선물, 봉사와 같은 다양한 사랑의 언어로 이주민 자매들과 소통하고 관계를 형성한다. 또 하나님은 내 아이들을 통해 내가 쉽게 만날 수 없는 열방의 영혼들을 만나게 하신다. 어쩌면 내가 혼자서 할 수 있는 사역보다 훨씬 더 많은 사역을 아내와 자녀들을 통해 진행하고 계시는지도 모른다. 나같이 외국어를 하고, 선교에 대한 다양한 교육과 훈련과 경험을 한 사람만 선교를 할 수 있다는 것은 큰 착각이다.

하나님이 못 쓰시는 사람은 없다. 그분은 모든 사람을 자신의 영광을 위한 도구로, 이 도시의 복덩이들로 사용하신다. 오히려 그분은 연약한 이들을 통해 강한 이들을 부끄럽게 하시고, 가지지 못한 자들을 통해 가진 자들을 부끄럽게 하신다. 그것이 우리 하나님이 영광을 받으시는 방법이다.

도시 선교는 나부터, 지금부터, 여기서부터 할 수 있는 선교다. 우리 도시 안에서는 남녀노소 누구나 선교사가 될 수 있다. 전능하신 그분의 손에 자신을 맡기고 그분의 부르심에 순종하기만 한다면 말이다.

30
이상한 목사, 꿈꾸는 목사[8]

우리 교회는 도시 선교하는 다문화 교회다. 그런데 도시를 선교하는 것은 결코 우리 교회 혼자서는 할 수 없다. 도시를 축복하기 위해서는 반드시 다른 교회 및 기관들과 협력하고 연합해야 한다. 팀 켈러는 『팀 켈러의 센터처치』의 세 번째 파트 "운동"에서 이렇게 말한다.

"하나의 교회는, 그것이 아무리 크다 할지라도, 다양하고 큰 도시의 필요를 다 채울 능력이 없다. 크고 작은 수백 개의 교회들이 움직일 때 문자적으로 도시의 모든 이웃과 집단들

---

8 이번 장은 팀 켈러, 『팀 켈러의 센터처치』의 세 번째 파트인 "운동" 편을 참고했다.

을 뚫고 들어갈 수 있다."⁹

모든 것을 다 잘할 수 있는 교회는 세상 어디에도 없다. 모든 교회는 각자의 강점과 약점이 있다. 아무리 좋은 사역자들과 성도들, 사역 프로그램을 두루 갖춘 대형 교회라 할지라도 대형 교회 혼자서는 도시 안에 있는 복잡하고 다양한 필요를 다 섬길 수 없다. 그렇기 때문에 다양한 사역을 하는, 다양한 규모와 다양한 교단의 교회들이 필요하다. 우리 교회가 모든 것을 다 갖고 있지 않으며 모든 것을 다 잘할 수 없다는 사실을 깨달을 때 우리는 겸손할 수 있고 다른 교회들과 협력할 수 있다. 심지어 교단이나 사역의 종류나 형태가 다르다 할지라도 말이다.

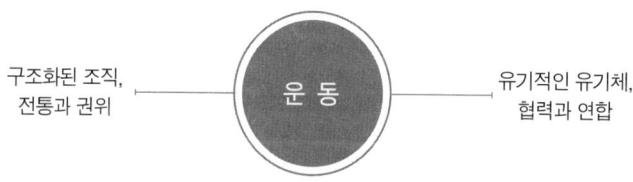

시티센터교회 개척 초기에는 참 외로운 시간을 보냈다. 대형 교회에서 부교역자로 있을 때는 다른 여러 교역자들과 함께 식사도 하고 커피도 마시고 운동도 하고 회의도 했다.

---

9   팀 켈러, 『팀 켈러의 센터처치』, 760.

그런데 개척을 하니 나 혼자였다. 2019년에 『팀 켈러의 센터처치』를 주 교재로 해서 진행되는 CTC$^{City\ To\ City}$ Korea의 교회 개척 훈련에 참석했다가 교회 개척을 했거나 준비 중인 여러 목사님을 만나게 되었다. 사역하는 지역도 다르고, 교단도 달랐으며, 사역 대상이나 형태도, 규모도 달랐지만, 복음 중심적인 선교적 교회를 세우고자 하는 동일한 고민을 가진 분들이었다. 울산에서 같인 뜻을 지닌 목회자들이 모여 CTCK 부산 울산 경남 지역 모임을 만들었다. 나는 『팀 켈러의 센터처치』의 운동 파트를 공부하면서, '도시 안에서 어떻게 교회들이 복음을 중심으로 연합 사역을 진행할 수 있을까? 이게 정말 가능할까?'라는 고민을 갖게 되었다.

나와 같은 고민을 하던 강정일 목사님(복음안의교회)과 조장훈 목사님(일상누림교회)을 그 모임 안에서 만나게 되었고, 우리는 도시를 위한 연합 사역을 시작하기로 했다. 각 개척 교회에서는 다양한 악기와 세션을 갖춘 예배팀을 조직하기 어려웠지만, 연합하니 가능했고, 예배 때마다 그리고 교제를 나누는 시간마다 큰 위로와 은혜가 있었다. 강단 교류도 하고 다양한 도시 연합 사역을 진행하면서, 성도들끼리도 한 교회에 다니는 것처럼 친해졌다.

우리 교회는 매년 부활절과 성탄절에 이웃 사랑 헌금을 우리의 물질이 필요한 도시와 나라, 또 열방으로 보냈다. 두 목사님의 교회에 당시 우리 교회로서는 결코 적지 않은 재정을 보내 드리기도 했다. 또 두 교회가 새로운 예배당으로 이전하고 첫 예배를 드릴 때에는 우리 교회 성도님들에게 그곳에서 예배하고 헌금도 하고 선물도 전해 드리도록 했다.

그날 일상누림교회의 조 목사님이 이렇게 말씀하셨다고 한다.

"신 목사님은 참 이상한 목사입니다. 자기 교회 성도님들을 우리 교회에 보내 주고 예배도 여기서 드리고 헌금도 여기서 하라고 하니 말입니다. 자기 교회도 아직 빈자리가 많을 텐데… 저는 이런 이상한 신 목사님이 참 좋습니다."

한 번 예배를 드리러 가는 것으로 무슨 큰 힘이 되겠는가. 그래도 이런 시도들을 통해 우리 교회와 함께 기도하고 협력하는 형제 교회가 도시 어딘가에 있다는 것을 가시적으로 확인할 수 있었다. 우리 도시가 복음의 열매를 맺기 위해서는 우리 교회뿐 아니라, 이웃 교회도 함께 건강하게 세워져야 한다. 자원을 우리만을 위해 쌓아 두는 것이 아니라, 더 필요한 곳으로 나누고 보내야 한다. 그럴 때 도시 안에 하나님의 나라가 확장될 수 있다. 큰 나무 한 그루만 있는 황량한 들판이 아니라 작은 나무들이 모여 있는 복음의 숲이 될 수 있다.

이제 울산이라는 도시 안에서 조금씩 그 숲이 울창해지고 있다. 예수인교회(전신욱 목사님), 울산다음세대교회(고영석 목사님), 작은숲교회(김남석 목사님)의 합류로 지금은 우리 도시 안에 GCN Gospel City Network 멤버십 교회가 여섯 교회로 늘어났다.

매월 1회 각 교회를 순회하며 연합 예배를 드리고, 해마다 청소년부 여름 복음 캠프도 연합으로 진행한다. 또한 성경 공부, 제자 훈련, 세미나, UNIST 유학생 사역 등도 같이한다.

한 교회가 도움이 필요할 때면 다섯 교회에서 사람을 보내고, 물질을 보내고, 기도해 준다. 이사하거나 관계의 문제 등으로 한 교회의 성도가 출석이 어려워질 때는 서로의 교회로 연결시켜 주기도 한다. 어느 교회를 가도 결이 비슷한, 그리스도 중심적이고 복음 중심적인 메시지를 들을 수 있다.

복음 안에서 함께 교제하고 연합하는 교회들과 목사님들이 계셔서 참으로 든든하다. 개척 교회가 겪는 아픔을 공감하고 위로해 주는 동역자들이 도시 안에 계셔서 참 감사하다. 사역의 형태는 다를지라도, 내가 사랑하는 복음을 똑같이 사랑하고, 내가 사랑하는 우리 도시를 똑같이 사랑하는, 동일한 신학적 비전과 복음의 DNA를 가진 분들이 계시기에 외롭지 않다.

내게는 교회 개척 때부터 가져온 한 가지 꿈이 있다. 우리 시티센터교회만 건강하게 세워지는 것이 아니라, 우리 교회와 동일한 신학적 비전, 동일한 복음과 하나님 나라의 DNA를 가진 여러 교회가 도시 안에서 계속 세워지는 꿈이다. 또 우리 교회가 울산에서 도시 선교를 위한 헤드쿼터(본부)와 마중물의 역할을 감당하는 꿈이다. 그래서 언젠가 시티센터교회가 더 다양한 형태의 교회를 출산하는 교회 개척 인큐베이터가 되고, 이주민 사역자들을 포함한 교회 개척 사역자들과 성도님들의 역량 강화를 위한 훈련 센터, 그리고 교파를 초월한 연합 사역과 운동이 이루어지는 이주민 및 도시 선교 센터의 역할을 감당하기를 바란다.

하나님은 단일 문화로 이루어진 예루살렘 교회가 아니라 다문화 공동체였던 안디옥 교회를 통해 세계 선교를 이루어 가셨다. 도시 중심에 자리 잡은 우리 시티센터교회 또한 그런 안디옥 교회와 같은 시대적 사명, 선교적 사명을 감당하게 되기를 꿈꾼다. 우리 교회의 성장만을 추구하는 '교회 성장' 모델이 아닌, 하나님 나라의 성장을 추구하는 '도시 성장' 모델이자 '킹덤 성장' 모델로 시작된 시티센터교회, 작지만 하나님 나라를 향한 큰 꿈을 가지고 출발한 시티센터교회가 이 도시와 열방에 복이 되는 '복덩이 공동체'가 되기를 간절히 소망한다.

성도들의 고백 5

웬디 자매 _ 필리핀 | 결혼 이민자

사랑은 경계를 모른다

모든 커플에게는 저마다의 러브 스토리가 있습니다. 결혼 생활은 동화나 드라마에서 그리는 그런 것과는 다릅니다. 롤러코스터를 타는 것과 비슷합니다. 기복이 있죠. 하지만 그것이 결혼을 더 아름답게 만든다고 생각합니다. 배우자와 함께 장애물을 극복하고 함께 승리를 축하하는 것이죠.

저는 남편 요한 씨를 27살 때 만났어요. 저는 필리핀에 있는, 온라인으로 영어를 교육하는 한국 회사에서 일하고 있었어요. HR 매니저였죠. 제 업무 중 하나는 원어민 선생님들을 교육하고 그들이 수업을 잘 준비할 수 있도록 돕는 것이었습니다. 남편은 저희 회사의 비즈니스 파트너 중 한 명이었죠. 그는 한국에서 학생들을, 우리는 필리핀에서 교사들을 제공하는 관계였어요. 저는 남편을 개인적으로 잘 몰랐지만 동료들에게서 남편이 매우 엄격하다는 이야기를 들었습니다. 하루는 새로 온 학생에게 요한 씨가 레벨 테스트를 진행하던 중 컴퓨터와 관련한 기술적인 문제가 생겼는데, 원어민 선생님이 그 문제를 해결하지 못했어요. 요한 씨는 학생을 구하기가 매우 어려운 상황이라 한 명이라도 잃고 싶지 않았기 때문에 화가 많이 났어요. 제 상사가 저에게 요한 씨의 레벨 테스트 수업을 맡아 달라고 부탁했어요. (레벨 테스트가 끝나면 학부모가 자녀를 요한 씨의 온라인 학원에 등록할지 여부를 결정하는 시스템이었어요.) 다행히도 많은 학생이 저의 테스트에 만족하고 등록했습니다.

　몇 달 후, 요한 씨가 필리핀을 방문했어요. 저는 그때 그를 처음 만났어요. 그가 매니저들에게 토요일에 점심을 대접하겠다고 했는데, 어쩌다 보니 저만 참석할 수 있었어요. 점심 식사 후 저는 주일 예배를 위한 예배팀 연습에 참석해야 했기 때문에 바로 자리를 떠나야 했습니다. 요한 씨는 자신도 기독교인이라고 밝히면서 교회에 가도 되냐고 물었습니다. 그리고 다음날, 요한씨는 우리 교회에 와서 제가 예배를 인도하는 모습을 보았어요. 그는 그때 제가 자신에게 적합한 사람이라는 것을 알았다고 합니다. 그는 2주간 필리핀에 머물다가 한국으로 돌아갔습니다. 이후로 약 8개월간 저에게 가끔 메시지를 보내거나 전화를 하곤 했어요. 마침내 그는 2012년 12월에 필리핀으로 다시 와서 제게 프로포즈를 했고, 우리는 2013년 2월 9일에 필리핀에서 결혼식을 한 후, 한국에 와서 살게 되었습니다.

저는 이해심 많고 책임감 있는 남편을 만난 축복받은 사람입니다. 그는 인내심을 가지고 저의 생활 방식에 적응하려고 노력했어요. 다른 부부들처럼 다툼과 오해가 있었지만 문제를 바로 이야기하고 타협점을 찾으려고 애를 썼습니다. 제가 남편에게 "어떻게 우리가 여기까지 오게 되었을까" 하고 물어볼 때마다 남편의 대답은 항상 "모두 하나님의 은혜야"였어요. 저 역시 확실히 동의합니다. 우리는 이 관계의 중심에 하나님을 두었기 때문에 여전히 서로를 위해 굳건히 서 있습니다.

한국 남자와 결혼할 계획은 전혀 없었어요. 서른 살쯤에 목사님이나 선교사님을 만나 결혼하고 싶었습니다. 하지만 하나님께서는 다른 계획을 가지고 계셨어요. 저는 그분의 계획이 제 계획보다 더 좋다고 믿습니다. 저는 필리핀에 있는 가족을 떠나 한국에서 제 가정을 꾸려야 했습니다. 쉬운 일은 아니었어요. 문화, 언어, 사람들 모두 낯선 곳이었습니다. 언어의 장벽이 너무 높아서 시어머니와는 평생 소통이 불가능할 것 같다는 생각이 들 정도였죠. 시어머니와 한국어로 대화하기까지 5년이라는 긴 시간과 노력, 인내가 필요했어요. 그 과정은 정말 힘들었어요. 울기도 많이 울고, 오해도 많이 하고, 가슴 아픈 일도 많았죠. 첫해에는 시어머니의 목소리 톤이 조금만 바뀌어도 겁이 나고 긴장했던 기억이 아직도 생생합니다. 남편과 시어머니가 다투며 언성을 높일 때마다 방에서 혼자 울었습니다. 말을 하나도 알아들을 수가 없어서 무엇 때문에 싸우는지 알 수가 없었어요. 그러나 남편은 싸우는 것도, 다투는 것도 아니라고 말하곤 했어요. 그냥 평범한 대화라고요. 저는 나중이 되어서야, 경상도 사람들이 대화하는 것이 마치 싸우는 것처럼 들린다는 것을 알게 되었어요.

언어는 우리 삶에서 매우 중요한 역할을 합니다. 한국에서 첫 5년 동안은 오해도 많이 하고 오해도 많이 받았어요. 2013년에 한국에 도착했을 때부터 저는 한국인들만 있는 교회에 다녔습니다. 저만 유일한 외국인이었죠. 주일마다 예배에 참석했는데 설교를 전혀 이해하지 못했습니다. 휴대폰의 번역 애플리케이션을 사용하는 등 설교 내용을 알아들으려고 몇 가지 방법을 시도했는데 다행히 어느 정도는 효과가 있었습니다. 한번은 예배 중에 휴대폰에서 적절한 번역 앱을 찾으려고 하는데 장로님이 저를 노려보셨어요. 당황스럽기도 하고 기분도 너무 나빴어요. 그 시선이 저 같은 외국인에게 얼마나 큰 상처가 되었는지 몰라요. 대부분의 한국 교회에는 필리핀 교회와 달리, 소위 '교회 안의 정치 권력' 같은 것이 있는 것 같았어요.

저는 소속감을 느낄 수 있는 교회, 내 집과 같은 교회를 다닐 수 있기를 갈망했습니다. 하나님이 그 기도에 응답해 주셔서, 우리 가족을 시티센터교회로 인도하셨습니다. 다양성, 수용, 존중, 그리고 하나님의 사랑으로 인도하는 교회로 말이죠. 교회에 처음 들어섰을 때 한 필리핀 자매님이 따뜻한 포옹으로 저를 맞이해 주었습니다. 다문화 가정인 저희는 아이들이 필리핀 문화와 한국 문화, 두 가지 문화를 모두 경험했으면 했습니다. 아이들이 자신의 정체성을 알고 이해하는 것은 매우 중요하기 때문이죠.

이 교회에서는 아이들을 환영해 주었고, 한국인이든 외국인이든 똑같이 받아들여 주었어요.

    저는 하나님께서 이 교회를 세우신 놀라운 목적이 있다고 믿습니다. 미국, 캐나다, 남아프리카에서 온 영어 교사처럼 일시적으로 이곳에 온 성도들도 있었습니다. 그들은 고향을 떠나 가족을 찾고 있었어요. 시티센터교회에서는 그들을 가족처럼 대해 주었어요. 주님께서 이 교회의 목회자, 지도자, 성도들에게 풍성한 축복을 부어 주시기를 기도합니다. 이 교회가 계속해서 격차를 해소하고 다른 사람들에게 영감을 주는 교회가 되기를 바랍니다. 하나님께 영광을 올려 드립니다.

성도들의 고백 6

버헬 형제 _ 필리핀 | 이주 근로자

앰버서더 파송식 간증문

사랑하는 CCC^{City Center Church} 여러분에게 은혜와 평강이 함께하시기를 바랍니다. 이제 저는 약 11년간의 한국 생활을 마치고 필리핀으로 돌아갑니다. 작별 인사를 드리기 전에, 하나님께서 저를 어떻게 한국에 오게 하셨고, 한국에서 제 삶을 어떻게 변화시키셨는지에 대한 간증을 여러분과 나누고 싶습니다.

저는 우리 시티센터교회 형제자매들, 특히 어렸을 때부터 그리스도인이 된 형제자매들의 이야기를 들으며 큰 은혜와 감동을 받았습니다. 제가 처음 교회에 다녔던 어린 시절이 떠오르기도 합니다. 여기 우리 교회 아이들의 모습을 통해 저는 제 어린 시절을 보았습니다.

　제가 5살 때 어머니께서 기독교인이 되셨는데, 주일마다 저희를 교회에 데려가셨습니다. 저는 교회에 갈 때마다 행복하고 신이 났습니다. 특히 성경 이야기를 듣는 것이 좋았습니다. 예를 들어, 요나와 큰 물고기, 꿈꾸는 요셉, 다니엘과 사자 굴 등입니다. 하나님께서 당신의 백성을 구원하기 위해 그분의 능력을 나타내시는 것이 정말 놀랍고 흥미로웠습니다. 하나님께서는 그 교회에서 많은 친구를 만나게 하셨고, 저희는 어린 나이임에도 불구하고 몇몇 사역에서 함께 봉사했습니다. 복음을 듣고 주 예수 그리스도를 나의 주님이자 구세주로 영접한 날부터 그리스도인으로서의 여정이 시작되었습니다.

　하지만 제 인생에서 하나님으로부터 멀어지게 하는 유혹에 이끌렸던 때가 있었습니다. 중학교 1학년이 되었을 때, 저는 불신자인 반 친구들과 거리를 두었고, 그들의 행동을 따라 하지 않았습니다. 하지만 종교 때문에 학교에서 어울릴 친구가 없었습니다. 저는 또래 친구들을 사귀고 싶었습니다. 그래서 서서히 죄와 어둠에 빠져들었습니다. 13살 때 처음으로 술을 마시고 담배를 피우기 시작했습니다. 교회에도 나가지 않았고, 그리스도인인 것을 부인했습니다. 변화되고 싶지 않았기에 하나님의 말씀을 듣는 것도 피했습니다.

    결혼을 하고 나서도 제 악행은 멈출 줄 몰랐고, 다 언급할 수 없지만 저의 죄는 제 가족을 거의 파괴시킬 정도로 심해졌습니다. 저는 가족보다 친구들과 어울리며 많은 시간을 보냈습니다. 거의 매일 술에 취해 있었습니다. 그저 이 세상에서 인생을 즐기고 행복을 찾고 싶었습니다. 제가 직업을 가지고 있는 한 제 인생에서 하나님이 없어도 괜찮을 것 같았습니다. 그런데 어느 날 하나님께서 제게서 직업을 가져가셨습니다. 갑자기 회사가 문을 닫아서 저는 직장을 잃었습니다. 저는 가족과 제 즐거움을 유지하기 위해 다른 직업이라도 가지고 싶었지만 어느 곳에서도 연락이 오지 않았습니다. 그때 저는 이것이 그동안 제가 하나님을 외면하고 가족에게 상처를 준 것에 대한 하나님의 심판이자 징벌이라고 생각했습니다. 1년 넘게 직장을 구하지 못해 여러 가지 문제가 쌓이고 아내가 임신까지 하게 되어 정말 비참했고 어떻게 해야 할지 알 수가 없었습니다.

    하지만 제가 엉망진창이 되어도 하나님은 여전히 저를 친절하게 대해 주셨고 신실하게 대해 주셨습니다. 직업도 없는데 어떻게 가족이 1년 넘게 버틸 수 있었는지 모르겠습니다. 하나님은 우리에게 필요한 모든 것을 공급해 주셨습니다. 일자리를 찾아야 한다는 절박함 때문에 결국 저는 한국으로 오게 되었습니다.

한국에서 거의 11년 동안 지내면서 정말 많은 어려움을 겪었습니다. 외로움과 다양한 질병에 시달렸고, 때로는 직장에서 구타와 학대, 차별과 무시를 겪기도 했습니다. 하지만 가족을 위해 이 모든 부당한 대우를 견디어 내야 했습니다. 또 코로나 기간 동안에는 사랑하는 부모님이 일주일 간격으로 모두 돌아가셨지만, 필리핀에 들어갈 수도 없었습니다. 그때는 정말 절망적이었고 몇 날 며칠을 슬픔에 빠져 있었습니다. 하지만 저를 계속 심방해 주신 신 목사님과 제이슨 강도사님 덕분에, 그리고 기도해 주시고 위로해 주신 여러분 덕분에 저는 그 아픔을 이겨 낼 수 있었습니다. 이 모든 고난을 견디어 낼 수 있었던 것은 저를 이끌어 주신 하나님의 은혜 덕분입니다.

하나님께서 저를 이 교회로 인도하신 것은 정말 큰 축복입니다. 하나님께서는 저를 향한 그분의 크신 계획을 이해할 수 있도록 이 교회를 사용하셨습니다. 매주 선포되는 목사님과 강도사님의 설교 말씀, 그리고 성경 공부를 통해 저는 하나님의 무조건적인 사랑과 선하심을 깨닫게 되었습니다. 그분의 친절과 신실하심 앞에서 저는 무릎을 꿇고 회개하게 되었습니다. 무엇보다 하나님께서는 제가 그분에게서 등을 돌렸다고 해서 저를 벌하지 않으신다는 것을 깨닫게 하셨습니다. 제가 받아야 할 모든 형벌을 이미 예수님께서 십자가에서 모두 받으셨기 때문입니다. 제가 추가로 받아야 할 그 어떤 형벌도 남아 있지 않았습니다. 제 모든 죄가 완전히 용서받았다는 사실도 깨달았습니다. 그것은 죄책감과 수치심에 사로잡혀 있던 저를 위한 놀라운 복음이었습니다. 하나님의 계획은 저를 심판하고 망가뜨리려는 것이 아니라 구원하시려는 것이었습니다.

지금에 와서 돌아보니, 하나님께서는 저를 구원하려고, 또 이곳 시티센터교회에 있는 또 다른 믿음의 가족을 만나게 하려고 필리핀에 있는 가족과 친구들로부터 저를 물리적으로 분리하셨습니다. 만일 하나님께서 저를 이 교회로 인도하지 않으셨다면 지금 제 인생이 어떻게 되었을지 상상할 수 없습니다. 하나님께서는 이곳 시티센터교회를 통해 저를 변화시키셨을 뿐만 아니라 구원의 기쁨도 회복시켜 주셨습니다. 제가 이 세상에서 추구하고 찾던 행복을 그리스도를 아는 지식으로부터 찾았습니다. 제가 속하고 싶었던 이 좋은 곳과 사람들에게 저를 데려다 주신 하나님께 정말 감사드립니다. 시티센터교회 성도 여러분은 이곳에서 제 가족이 되었고, 이 교회는 한국에서 제 집이라고 부를 수 있는 유일한 곳입니다.

지금 제가 여러분 앞에서 제 이야기를 하는 것은 제가 과거에 얼마나 나쁜 사람이었는지 고백하거나, 현재는 얼마나 좋은 사람이 되었는지 보여 주기 위해서가 아닙니다. 이 모든 제 삶의 이야기는 제가 누구인지가 아니라 하나님이 어떤 분이신지에 관한 것입니다. 제가 한 일이 아니라 하나님이 저를 위해 행하신 일, 바로 그 복음 때문에 오늘 제가 있는 것입니다. 제가 분명히 말씀드릴 수 있는 것은 한때 제가 길을 잃었지만 지금은 그분께 발견되었다는 것입니다.

이 교회를 떠나면서, 이 여정을 함께해 준 사랑하는 형제자매 여러분께 진심으로 감사드리고 싶습니다. 여러분의 모든 도움에 감사드립니다. 위로해 주셔서 감사합니다. 저를 사랑해 주시고 친절하게 대해 주셔서 감사합니다. 저를 위해 기도해 주시고 격려해 주신 모든 분께 감사드립니다. 비록 몸은 떨어져 있지만 여러분은 항상 제 마음속에 가족으로 남아 있을 것입니다. 함께했던 모든 교제가 그리울 것입니다. 여러분을 위해 기도하겠습니다. 여러분 모두 진심으로 사랑합니다. 하나님의 축복이 있기를 기도합니다.

에필 _
로그 _

열매 맺는 다문화 교회의 네 가지 특징

"나는 사역자를 평가함에 있어서 성공이나 충성보다 더 성경적인 기준이 '열매 맺음'faithfulness에 있다는 결론에 도달했다." 팀 켈러는 『팀 켈러의 센터처치』의 프롤로그에서 사역자들이 가져야 할 평가 기준으로 '열매 맺음'을 제시합니다. 지난 13년간 이주민 선교 사역을 하면서 저는 '어떻게 하면 열매 맺는 이주민 선교를 할 수 있을까?'를 고민해 왔습니다. 다음의 내용은 그 고민과 시행착오의 과정을 통해 배운 네 가지 기본 원리이자 특징들이라고 할 수 있습니다. 아래의 네 가지 원리를 다문화 사역 현장에 잘 적용한다면, 우리의 사역 가운데 하나님이 주시는 열매들이 가득하리라 확신합니다. 물론, 이 원칙들이 이주민 선교 또는 다문화 사역에만 해당되지는 않습니다. 한국인을 대상으로 목회할 때에도 적용되는 부분이 있을 것입니다.

1. Relationship-based(관계 중심적)

다문화 교회는 매우 관계 중심적인, 관계 지향적인 공동체입니다. 우리가 다문화 가정의 자녀들, 즉 TCK 어린이 또는 청소년 사역을 할 때에는 특히 부모님과의 신뢰 관계를 형성하는 것이 중요합니다. 부모님이 교회나 교회 구성원에 대한 신뢰가 있을 때에만 자녀들을 교회 학교에 맡길 수 있지요. 우리가 그들과 아무런 개인적인 관계를 맺지 않은 채로 갑자기 어떤 일을 한다면, 아무리 좋은 뜻과 취지가 있다 하더라도 거절당할 수밖에 없습니다. 우정을 통해 신뢰 관계를 쌓아야 하기 때문에 생각보다 시간이 더 오래 걸립니다.

그들 입장에서 '이 사람이 나를 수단으로 대하지 않고 목적으로 대하는구나! 내게서 얻을 유익 때문에가 아니라, 나라는 사람 자체를 좋아해서 내게 다가오는구나!'라고 느낄 수 있어야 합니다. 그러려면 특별한 일이 없더라도 우리는 그들과 연락을 주고받고 만나서 시간을 함께 보내야 합니다. 오랜 시간을 보내면서 친구가 되고 신뢰할 수 있는 관계를 형성해야, 그 관계적 기초 위에서 전도도 가능하고, 성경 공부나 제자 훈련도 가능하지요. 이주민들과 교회 안팎에서 봉사나 도시 선교 사역을 함께 섬길 때에도, 우정 관계가 먼저 형성되어야 합니다. 다문화 교회는 이벤트나 프로그램, 사역이 아닌 관계가 중심이 되어야 합니다. 첫째도, 둘째도, 셋째도 관계입니다.

2. Spirit-led(성령 주도적)

앞서 언급한 것처럼, 다문화 교회에서는 어떤 프로그램이나 이벤트들이 계획대로 착착 진행되기가 어렵습니다. 갑자기 연기되거나 취소가 되기도 하고, 계획에 없던 일이 생기기도 하지요. 원칙과 합의, 의사소통, 일관성과 안정성, 그리고 계획과 시간 약속을 중시하는 사람들은 힘들어할 수도 있는 부분들입니다. 그래서 다문화 교회에서는, "그럴 수 있지", "안 돼도 괜찮아", "또 다른 좋은 방법이 있겠지"와 같은 유연한 사고와 태도가 요구됩니다.

다른 사역들과 마찬가지로 다문화 사역은 사람의 계획이나 생각이 아니라, 성령께서 주도하는 사역입니다. 그런 점에서 단순히 '유연성'이라고 하기보다는 '성령 민감성', '성령 주도성'이 필요하지요. 이주민을 대상으로 하거나 이주민과 함께하는 사역은 개인적 상황, 회사나 학교 등 속한 집단이 처한 상황, 도시와 국가가 겪는 사회경제적, 정치적 상황 등 다양한 상황적 요소들의 영향을 많이 받습니다. 목회와 선교 사역은 결국 사람을 돌보는 일이기에 회사를 경영하는 방식처럼 하려고 해서는 안 됩니다.

갑자기 생기는 변수에 스트레스를 받을 수 있지만, 그런 상황이 생길 때마다 우리는 모든 것이 하나님의 통제 가운데 있음을, 우리의 뜻과 계획을 내려놓고 하나님의 뜻과 계획이 이루어지기를 기도해야 합니다. 만일 우리 교회가 영어 예배를 시작하고 싶지만 교회 주변에 중국인들이나 우즈벡 사람들이 많다면 다른 언어로 사역하는 것을 고려해야 합니다. 우리가 가고 싶은 길이 아니라 성령께서 인도하시는 길로, 우리가 주도하는 사역이 아니라 하나님이 주도하시는 사역을 겸손히 따르고 순종해야 합니다. 복음을 우리 자신과 사역에 적용함으로써 계속해서 사역의 주도권과 통제권을 내려놓아야 합니다.

3. Culture-sensitive(문화에 민감한)

다문화 교회는 단순히 다양한 국적과 민족의 사람들이 모이는 공동체가 아니라 다양한 문화가 존중받고 환영받는 공동체입니다. 문화는 우리가 속해 있는 물과도 같습니다. 물고기에게 물은 원래부터 있는 환경이었습니다. 마찬가지로, 한국 사람에게 한국 문화는 원래부터 있는, 원래 그러한 것이고 당연히 그래야 하는 환경입니다.

하지만 어느 문화도 절대적으로 옳고 당연하고 우월하지 않습니다. 그러므로 다른 문화에 대한 존중, 다양한 방식을 겸손히 배우려는 자세가 요구되지요. 자신의 문화가 가진 약점과 한계를 인정하고 다른 문화의 장점을 적극적으로 수용해야 합니다. '이런 말을 하거나 이런 결정과 행동을 하면, 다른 문화권의 사람들은 어떻게 느끼고 생각할까?'라는 질문을 늘 던져 보아야 하죠. 만일 우리에게는 자연스럽고 당연한 방식이지만, 그것이 다른 문화의 사람에게 피해가 되거나 상처가 된다면, 재고할 필요가 있습니다. 아무리 좋은 의도를 가졌더라도 말입니다.

우리에게 익숙하고 편한 문화의 방식이 아니라 상대방의 문화의 방식으로 사랑을 표현할 때, 그들은 우리를 통해 하나님의 사랑을 경험할 수 있습니다. 개인적으로뿐만 아니라, 공동체적으로도 다문화 감수성이 향상되어야 합니다. 그러려면 반드시 리더십도 다문화여야 하겠죠. 안디옥 교회의 다문화 리더십처럼, 다문화 교회의 구성원들의 문화를 대표할 수 있는 다양한 문화권 출신의 리더들이 세워져야 합니다. 그래서 다수뿐 아니라 소수의 의견도 존중받고 받아들여져야 합니다.

4. Gospel-centered(복음 중심적)

앞에서 언급한 세 가지, 관계에 기초하기, 성령의 인도를 따르기, 문화에 민감하기의 자세를 갖기 위해서는 무엇보다 복음을 모든 관계와 사역의 중심에 두어야 합니다. 이런 것들은 우리에게 자연스럽지 않습니다. 우리는 관계보다는 일에, 과정보다는 결과에 더 관심이 많지요. 성령의 이끄심에 겸손히 따르기보다는 우리가 주도하고 싶어 하고 우리 뜻과 계획대로 이루어지기를 바랍니다. 다른 문화를 겸손히 수용하고 배우면서, 이타적으로, 타자 지향적으로 생각하고 행동하기보다는 나 중심적으로, 자문화 중심적, 자민족 중심적으로 생각하고 판단하고 행동하기 쉽습니다. 우리는 누구도 자발적으로는 불편을 겪고 싶어 하지 않습니다. 편하고 수월한 길을 찾지요. 그것은 모든 죄인의 기본 설정값(default mode)이며, 애쓰지 않아도 자연스럽게 몸에 밴 특징입니다.

그런데 이 모든 것을 극복하려면, 예수 그리스도의 복음이 우리의 마음과 사역과 관계와 공동체의 중심에 자리잡고 있어야 합니다. 그래야만 이타적이고 겸손해질 수 있고, 자기보다 남을 낮게 여길 수 있습니다. 불편을 겪고 희생하는 것을 기꺼이, 자발적으로 할 수 있고, 진정으로 연합할 수 있습니다. 복음이 계속해서 강단에서 선포되어야 하고, 설교자를 포함한 모든 성도가 복음을 내면화하고 자신에게, 공동체의 모든 사역과 관계에 적용해야 합니다. 다문화 교회의 모든 사역은 복음에 기초해야 하고, 복음이 동기가 되어야 합니다. 복음이 핵심입니다.

팀 켈러는 복음을 이렇게 설명합니다. "복음은 단지 기독교의 A, B, C가 아니라, A부터 Z까지다."[1] 비슷한 의미로 J. D. 그리어(J. D. Greear)는 이렇게 말합니다. "복음은 단순히 기독

---

1 Timothy Keller, *Center Church: Doing Balanced, Gospel-Centered Ministry in Your City* (Grand Rapids: Zondervan, 2012), 46.

교라는 수영장으로 점프해 들어가기 위한 다이빙 도약대가 아니라 수영장 그 자체다. 우리가 그리스도 안에서 시작하는 방법일 뿐 아니라 그리스도 안에서 자라 가는 방법이다."[2] 우리는 처음에는 복음으로 시작하지만, 곧 복음이 아닌 다른 것으로 사역을 메우려고 합니다. 그렇기 때문에 우리는 날마다 구원자가 필요하고, 은혜가 필요하며, 평생에 걸쳐 복음을 들어야 합니다. 복음을 머리로 아는 것을 넘어, 우리의 마음과 삶에, 우리의 인격에 내면화해야 합니다.

예수 그리스도를 통해 조건 없는 사랑과 환대를 받은 우리가 동일한 방식으로 조건 없는 사랑과 환대를 우리 도시 안의 이주민과 한국인 이웃들에게 실천해야 합니다. 그럴 때 그들은 예수 그리스도의 복음의 아름다우심에 매료되어 하나님을 유용한 useful 분이 아닌 아름다운 beautiful 분으로 여기게 될 것입니다. 요술 램프의 지니나 자동 판매기를 대하듯 하나님을 내 욕망의 실현과 필요 충족을 위해 사용하려 하지 않고, 그분을 목적으로 여기며 그분 자체를 사랑하는 참 연인들이 될 것입니다. 복음을 우리 자신에게 먼저 선포하고 적용함으로써 내면화할 때, 우리가 우리 자신과, 이주민, 그리고 하나님을 대하는 방식이 변화될 것입니다. 복음은 모든 것을 변화시킵니다. 복음이 다문화 교회의 핵심입니다.

---

2 J. D. 그리어, 『복음 본색』, 장혜영 옮김(서울: 새물결플러스, 2013), 49.